Areca Lobbyists

檳榔説客

Wu Jui Pao

吳睿保

In Taiwan

作者簡介

吳睿保

（筆名：吳明博、穀禾田、穀莊稼、穀恬憫）

我們人的生命是很奇妙的，有些事情不是您想的就可以，往往有些時候，我們會感到彷徨無助，有些時候呢！又會有些許的得意，就在彷徨與得意的同時，我們可能會看到什麼，那是生命的過程，一個階段，一個階段，每個階段都會有不同的體悟，這就是人生。

作者童年的時候，心中老是有些想法，而這些想法會一剎那，一剎那的閃過，很難捉取，那時候我就想，如果可以把它寫下來多好，直到少年、青年，步入中年，到快要老年的時候，那些想寫的影像，像排山倒海一樣地浮現，而我只是提筆記錄而已，就這樣，一系列，一系列《法拍屋風暴》、《屏東的小湯姆》、《共生農業》、《歡喜法音流》等，竟然就創作出來了，希望您們喜歡。

另外，穀莊稼的共生農業森林農園，有十幾年的耕作經驗，可以輔導您種出好菜，只要您家有空地，或頂樓有全日照的地方，想自己種菜來吃，穀莊稼先生可以幫您規畫，種出好菜來讓您食用。

若對共生農業森林耕種有興趣者，請上電子書店，閱讀《共生農業森林種植》免費圖文書。

有意者，請寄電子郵件：869548@gmail.com　與穀莊稼先生洽談

穀禾田半農作家工作室的書系，有：
《屏東的小湯姆》親子讀本七套，三十冊

《共生農業開講》、《歡喜法音流》陸續書寫中
《法拍屋風暴》醒世小說六本，曾出版過紙本書。

海水魚照片

在此感謝

北高雄海水水族館
高雄永信海水水族館
高雄永豐魚海水水族館
高雄地中海海水水族館

惠予拍照

序

　　2013 年 6 月至 8 月期間於本校辦理之「農企經營及精緻農業班」講授有機農業相關課程時認識穀禾田先生，瞭解穀先生極為重視現今農業大量施用農藥等化學藥劑對環境、生態及健康安全造成負面效果的影響，因而他自己開墾管理一個自然生態農場，產品優質安全，可謂利己利人。

　　穀先生也擅長於寫作，其大作「屏東的小湯姆」，內容豐富、筆法率直生動，讓人回憶兒時農家生活的點點滴滴，值得閱讀。經穀先生之邀請，時值該書付梓特為之序。

王鐘和

於中華民國 102 年 8 月 30 日
國立屏東科技大學
農園生產系教授兼系主任
台灣有機農業促進協會副理事長

檳榔說客
屏東的小湯姆七

目次

檳榔說客

圓仔湯

冬天冷颼颼的。

湯姆躲在溫暖的被窩裡，翻動一下身體，把被子拉緊一點，蓋得更舒服一些。

外面唧唧叩叩，好像爸爸在弄農具，準備到田裡整田插秧種稻了。

抱著媽媽的身體，感覺更溫暖，希望一直抱著媽媽

檳榔說客

睡覺，這樣身體就不會感覺到冷了。

爸爸好像出門了。

日光暗暗的，天還沒亮，爸爸就這樣辛苦趕著牛，背著犁頭下田了。

不管他，再睡個好覺。

媽媽也睡醒了，小心地把棉被弄好，深怕湯姆著涼了，沒有媽媽的身體靠在身邊，感覺手腳冰冷，把被子拉得更緊，整個縮在一起，好像要捲起一樣。眼睛睜開一點點，瞇著看房間窗外的光線，還是昏暗昏暗的。

媽媽起牀坐在鏡枱前，梳粧打扮弄她的頭髮，聞到媽媽梳頭髮用的髮油。

用手搓一搓，抹得油油的，一把一把抹在頭髮上，兩手很自然，順手把頭髮往後面梳，然後把一捆頭髮綁成一顆球團似的，挽成髮髻，用黑色小網子捆綁好。

媽媽的頭髮梳好之後，挪動椅子站起來，整理一下衣服。天氣冷，穿得比較厚實。

走到廚房，煮一家子的早餐。

湯姆今天精神特別好，起個早牀，把棉被掀開來，趕緊找一件夾克穿著，跑到廚房，問：「媽媽！您要煮粥嗎？」

媽媽正在洗米。

「湯姆！幫媽媽削幾粒地瓜好嗎？」

「好！」

挑幾粒紫色地瓜比較好吃，黃色地瓜也不錯。

「削好了，去幫媽媽把剉簽板拿來。」

「喔！一半剉簽，一半切塊，好嗎？」

「好！好！只要湯姆愛吃就好。」

湯姆幫媽媽起火，拿一捆甘蔗葉放進灶坑，火柴棒劃一下，起火了，蹲在灶前，烘得暖洋洋的，好溫暖。

離開灶坑，冷風一陣一陣，吹進身體裡，好冷哦！還是乖乖地縮在灶前，看好火把，比較溫暖。

把灶腳五燭光的電燈炮關掉。

喔！天快亮了，雖然廚灶有一點昏暗昏暗的，但灶坑裡的火可以把廚灶照得紅通通的。

前面一灶煮菜，煎蛋，後灶滷筍乾豆皮加滷雞蛋。

媽媽滷了一手的好菜，有竹筍絲、梅乾菜、鹹鹹的。

吃早餐，碗裡的熱地瓜粥淋上一點滷汁，真是好吃又可口，又吃得下飯。加一點豆腐乳、薑片、醃小黃瓜、花生、大煎蛋、一塊白豆腐、一鍋的熱蔬菜湯，帶去田裡給爸爸吃。

媽媽很貼心，知道爸爸愛吃甜食，一大早去田裡工作，整個人打赤腳走在冰冷的水田裡，犁來犁去的，體力的消耗很大，所以媽媽晚上會用黑糯米熬蓮子、龍眼乾，加紅棗、黑棗、芝麻、五穀米煮成甜粥，也會用黑

檳榔說客

糯米或紫色地瓜芋頭做成圓仔湯。

看爸爸縮著身子，坐在田埂上，享受著那溫暖的甜食圓仔湯，就知道爸爸多麼滿足於媽媽幫他準備的豐富早餐了。

趁太陽尚未昇起，趕緊地整地。

湯姆收拾著這一大堆餐具，還有留一些爸爸尚未吃完的圓仔粒，這裡有濃濃的黑糖水煮薑汁，花生粉倒一點出來吃。

「媽媽！您要不要吃一些大粒圓仔？好好吃哦！」

媽媽拿著鋤頭在田埂上，一耙一耙鋤著泥塊，把田埂堆疊得更紮實。

田埂除了間隔稻田與稻田之間的區隔之外，還可以用來走路或灌溉水田，把水留住，讓稻子可以吸收水分。

湯姆吃得很開心。

媽媽汗水流個不停，忙得無法回應湯姆，回頭看一下湯姆，笑一笑，又繼續鋤她的泥土。

湯姆無聊得不知道要幹什麼事，帶著庫洛跑到秧苗的地方，想幫大人把秧苗鏟好，拿起一大把的鏟子往泥土裡，一片一片的鏟，奇怪！怎麼鏟都鏟不好，沒有辦法把泥塊和秧苗連成一片，像地皮一樣，鏟得完整捲起來。

不死心的，再鏟一次，仍然鏟不完整，連庫洛也蹲在旁邊。哼哼地叫著，搖頭晃腦，對著湯姆叫，好像警告湯姆，這事你幹不來的，還是帶牠去高地乾燥的地方玩，比較實在。

庫洛不喜歡整片土地全是溼透透的，看牠一副憂鬱寡歡的模樣，就知道牠有點後悔跟來下田了。

太陽已經爬上大武山頂了，把整個大地照得光亮亮的，寒氣一點一滴蒸發了，等一下日頭會赤炎炎的，照得人仰馬翻，熱到不行。

每到冬季播種插秧的時候，最累人了。

湯姆常常想著，難道爸媽都不怕冷嗎？怎麼沒聽過他們在叫苦，跑到媽媽身邊，幫媽媽拿著鋤頭，鏟一、兩下子，手掌就有一點麻麻的，紅紅的，快要破皮了。

「媽媽！手好痛哦！好痛哦！」

媽媽有點不捨的，接住鋤頭，不知道怎麼安慰湯姆，只能默默地繼續耕種。

爸媽在田裡務農，很少講話，倒是隔壁田的堂叔很喜歡抽空過來湊熱鬧。他也很喜歡纏著媽媽講話，話閘一開，就講個不停。

媽媽是個很好的聽眾，不管誰來找她聊天，她永遠都是那麼一副很有耐心，又仔細聽人家訴說，他們家裡一切大小的事情。

檳榔說客

　　堂叔很厲害。

　　家裡的小孩通通不喜歡種田，一個個國中小學畢業，就跑出去工廠或其他地方工作，把家裡的田產留給堂叔及堂嬸兩位中壯年人照顧。

　　堂叔種田很有變化，一下子栽種番石榴，在番石榴園裡，又種木瓜，又種玉米，也種南瓜，就是金瓜。如果瓠瓜價錢好，就趕著在番石榴園的空地上，種一大片瓠仔或絲瓜。他的每一塊地，都會充分地運用。

　　因為種番石榴要一年至三年，才有辦法收穫，而這段時間，他就可以利用番石榴還小棵的時候，留下來的空間，趕種一些短期作物。絲瓜、瓠瓜、南瓜這些爬藤類的果實，種兩、三個月就可以採收了一整季，而木瓜種在這些作物的空間，長高了之後，也不會阻礙其他作物的生長，又可以採收木瓜果粒來賣。等番石榴長大了，枝葉茂盛的時候，這些作物也收成不少的利潤，而枯枝爛葉更可以當作有機肥，來堆做腐朽肥料。

　　每天看堂叔、堂嬸高興得今天採收這一區的瓠瓜，明天採收那一區的菜瓜（絲瓜），後天又要去那一區採收他們種的青江菜、Ａ菜、大白菜、茄茉菜、菠菜、茼蒿菜、空心菜。看他們夫妻每天採收得不亦樂乎。

　　常常一大早，夫妻倆擠在那輛川崎大機車上，後面載著一大籠的菜籃，旁邊吊滿了茄子袋子，騎著摩托車，噴噴噴！一路往他們田裡去摘採。從晨昏採到入夜，一點也不覺得累。夫妻倆常常笑臉滿面的，迎向任何一位他們碰到的人呢！只要有堂叔出現的地方，就有很爽朗的笑聲，他那笑聲是一種滿足、惜福、富有，財源滾滾的，讓他荷包滿滿。

早生種

　　最近他又在我們家的田邊買了一塊五分地，跑來找媽媽，訴說他那塊地要種什麼果樹或椰子、檳榔一類的計畫。

　　村子裡流行種檳榔，這種作物在鄉下叫作綠寶石，只要夠幸運，種個幾分地，種到早生的檳榔仔，保證大發利市，一整年採收個百萬收入，也沒什麼問題。這對平常辛苦種稻子的農民來說，已經是天文數字了。

　　種一分地的稻米，整年度分兩季或三季的收成，也只不過數萬塊錢而已。從集中播種育成秧苗到收成，要一百至一百二十天，當中要整地插秧，除草、施肥、防治病蟲害，收割曝曬，人力物力的人工操作，不是一般人所想像的。什麼叫「誰知盤中飧，粒粒皆辛苦？」沒有下田耕作的人，告訴他們千百遍，也體會不出什麼叫粒粒皆辛苦。

　　媽媽也知道種檳榔的好處，但總覺得種那種東西，吃不飽，養不活人，對人體健康又無幫助，常常裹足不前，無法做出好的判斷。

　　但過一陣子或隔一年，堂叔又來鼓吹，說真的不種檳榔不行了。

　　「村子裡那個黑番仔剛開始才種三分地，不到三至五年，竟然買了五甲多的土地，而且全部都種檳榔，現在一整年的收成，少說也有上千萬的。

　　五甲地，不要說種稻子，就是種人參也賺不了那麼多。當然我們這裡是不可能種出人參的，但是檳榔卻可以遍植整塊土地。

　　現在黑番仔的財富像滾雪球一樣，一年一年地滾進大把大把的鈔票，看得村裡人眼睛瞪得大大，口水直流個不停。

檳榔說客

他現在變成有錢人了，家裡四周圍築起了高籬，牆裡面養了一堆惡犬，來幫他看守家園，連檳榔園也養了好幾頭大狼狗，幫他看顧檳榔呢！」

堂叔講得口沫橫飛。

知道種檳榔的好處有那麼多，但是就是放不下現成的既得利益。

種檳榔要五至六年才可以有收穫，這當中還要碰運氣，買到早生種子。

如果五至六年可以生長檳榔仔的時候，是晚生的，那種出來的檳榔一點價值也沒有。

所謂早生的，就是嘉義梅山、南投一帶的檳榔採收完了，市場上沒有幼齒的檳榔粒仔，而屏東地區的檳榔仔正發，正在發芽結粒，生長出來的檳榔仔又嫩又可口，讓全台灣的檳榔族視為口中珍品，一顆一顆往口中咔喳、咔喳地嚼個不停，連吃下第一口充滿了檳榔汁液，也捨不得吐掉，拼命地吞下去，當做補品一般，死命吃個不停。

農民有這麼廣大的市場做後盾，有些不信邪的，種幾分地看看。一分地有二九三、四坪，一坪見方種一棵，也有將近二、三百棵檳榔樹。運氣好的，有一半以上全是早生種，那就發死了。

一棵檳榔樹開花結果，大串的，少說也有千把粒，一粒市場價二十元賣給紅唇族，最貴的時候，三粒一百元，或小小的五粒一百元。

農人採收的時候，叫做一弓，一弓就是一大串，一千粒以上，每粒批發價十塊錢，一弓就有一萬塊的收入。一分地全是早生種第一批採收，就有二、三百萬的收成，一甲地二、三千萬呢！

難怪農人種成功的，一個個雀躍不已，錢多到沒地方放。

政府不鼓勵種檳榔，也無法禁止種植檳榔。但是全台檳榔面積卻不斷升高種植面積。這是誰都無法擋的天意吧！你想有誰能受得了這種誘惑。

種水稻又辛苦，害蟲又多，收成期又長，價錢又低，做得要死，倒不如種個檳榔仔比較實在，不用天天除草，就省很多人力了。

媽媽每一年都會聽到堂叔或其他人這麼說，好像再不種檳榔，自己就是傻瓜了，直到三姊夫的土地賣給大農場去蓋大型的畜牧場養豬，一分土地多出市價一倍。平常農人私底下賣，賣一分十五萬，大型養豬場收購一分地三十萬，地段靠馬路邊的可以賣到四十五萬，三姊夫賣了一分半地，四十五到六十萬。

他運氣好得很，剛好有一位農人辛苦種植檳榔樹到第五年，再過一年就可以等收成了。他兒子不喜歡待在

檳榔說客

鄉下發展，無論如何也要老爸把鄉下的農地賣掉，讓他去都市做生意。老農人年紀一大把了，做不動了，不聽兒子的都不行，只好賤價賣給三姊夫兄弟。

兄弟兩人各出資金買八分地，三姊夫買到三分地，他大哥五分地。隔年兄弟兩人賣的檳榔，有一半以上全是早生種，一下子兄弟倆也成為小暴發戶。

得到這筆財富之後，也是不斷地投資在購買的農地上生產。

堂叔和媽媽耳朵聽到的，和眼睛親眼看到的，都是種檳榔的好處多多。

但是一年一年過去，湯姆也是一年一年陪著爸媽，和左鄰右舍的大叔、大伯、堂叔、堂哥討論這些農事。

但最後有幾位敢大膽種植檳榔樹的，好像沒幾個。

有人種了大半片的檳榔樹，開花結果，卻是晚生的，檳榔採收期和嘉義梅山、南投一帶同時生產，檳榔仔大出，一點價值也沒有。

早生種和晚生種仔有這麼大的差別，難怪媽媽一直不敢輕易嘗試。

畢竟一家大小，人口眾多，如果貿然判斷錯誤，那會陷於窮苦無立錐之地呢！

爸爸還是習慣每年辛苦種水稻。

除了可以將一家大小整年度的稻米曬乾，用大布袋裝好之後，慢慢地將一大布袋，一大布袋的稻米載去碾米廠。

碾米廠將米糠去殼變成米粒，粗糠可以用來堆肥或補給雞鴨魚鵝做飼料。

米糠可以餵豬配地瓜或煮熟的地瓜葉，當做豬隻的肉鬆或魚鬆呢！

每個月有一、兩大袋的稻米，吃整年度的。

一家大小在伙食無慮的情況下，想到發財賺大錢，再說吧！

媽媽也很清楚，家裡想要變革，不是那麼容易的。除非家裡有人去當公務員，或在外頭有較好的工作，收入穩定，可以支付家裡一切雜七雜八的開銷。住在鄉下，人情世故，婚喪喜慶，各種節日，普渡拜拜，宴請親友，互相往來，都要錢。

種稻施肥雇工，雖然有左右鄰舍、親戚互相換工幫忙採收農作物，但幾甲地仍得輪番耕作，才有飯吃。萬一檳榔樹種下去五、六年毫無收成，一家子的生活會發生問題，那就麻煩了。

湯姆最喜歡下田的時候，有人來找爸媽聊天，這樣他就可以從大人的談話中，瞭解更多關於農人的種植作物，及收成的情況。

如果沒有這些大叔、大伯們來找爸媽聊天，湯姆還

檳榔說客

以為爸爸媽媽是傻大頭，只會憨憨做，不知天高地厚，守著古井觀天。

聽了大叔們的言論之後，媽媽在和湯姆拔雜草整理果園時，偶爾會隱隱約約對著小湯姆說。

「家裡有這幾塊地，總比沒有半滴田產還要好。雖然說發不了大財，但也總是餓不死。只要肯做，努力地種些蔬菜水果，還有竹筍、番石榴採收期比較長，每一、兩天可以採收。

價低的時候，採收個幾百塊錢，價錢好的時候，賣個千把塊。

有這一筆固定收入，每天三餐所需的柴米油鹽醬醋茶，也不是那麼困難。

我們種田人粗茶淡飯就可以溫飽，不希求每餐大魚大肉。

人生短短數十年，一下子就過了，掙了那麼多錢，也沒什麼作用。想當初，為了要留給你們兄弟置產，讓生活可以過得像樣一點，不至於落得餐風露宿，為三餐奔忙。

像你小七堂哥好好地上班工作，休假日回家到田裡巡一巡，看一看，那也很輕鬆。生活又可以安定，不用出遠門去打拼。」

湯姆聽媽媽念這些嘮叨的話，有點受不了。聽了似懂非懂的，這些人生的大道理，等他長大再說吧！

　　媽媽的企望是希望湯姆能夠讀好書，將來像所有親戚的堂叔伯們一樣，在家鄉或就近找個工作，不要離開她的身邊。

　　講了這麼一大堆話的目的，就是我兒啊！聽娘的話，娘愛你，想你，捨不得你離家流浪啊！

　　和媽媽聊天感覺很溫暖，也能感受到媽媽對他是無微不至地呵護。

　　但是外面的世界有太多太多的神奇等著湯姆去探索。

　　湯姆整個腦袋裡，天天幻想著許多事情，和媽媽的想像完全不同。

　　雖然想聽媽媽的話，但總有一股更強的力量，吸引著湯姆的靈魂，嚮往遠方，嚮往那遙不可及的世界。

　　這裡的天地太小了。

　　每天看到的，就只有大武山下的天地。雖然很遼闊，可以看到藍天白雲在天空飄盪。

　　夏季的雷聲隆隆。

　　颱風天，那大風吹著樹木，遍地狼藉，把大地吹得支離破碎，滿目瘡痍。

　　但那只是在屏東的縣域。

　　他想知道其他地方的天氣、人文地理、風俗習慣、生活方式及人情世故，是不是和屏東一樣？

夏天有西北雨，可以追著雲跑，讓雨淋得像落湯雞一樣，一下子又見到火炎炎的日頭了。

外面的世界一定比這裡新鮮有趣。

遊墾丁

　　想到今年暑假去恆春找阿國玩，就覺得很新奇。

　　他們那裡的山不高，站在高一點的地方，可以看到眼前全是一片蔚藍的大海，四周圍全被大海包圍著。

　　太陽又大又炎熱，陸地上，長滿了稀奇古怪的樹種，到處看得到瓊麻種，那葉片尖尖的。

檳榔說客

　　小湯姆在家鄉趕牛吃草的時候，也在溪埔地看過這種瓊麻，但從來沒有看到這麼一大片土地，全是種植瓊麻的。

　　和阿國騎著腳踏車在墾丁半島上遊覽。

　　聞著這裡的海風，有一種酷暑的涼意，但見風吹草動，又見牛羊，好像到了蒙古那種塞外風光的感觸。

　　雖然蒙古不曾去過，但想像中應該就是這種情景。

　　土地廣，視野遼闊，使人感到有一種野茫茫，心蒼蒼的悵然。

　　這裡的人好像都歷經風霜，個個臉色盡是受著那日曬強風吹拂。

　　那強韌堅毅不拔的精神意志，都顯現在那苦難中的一張張的臉上。

　　他們那一張張堅強的臉龐，好似在向老天昭告：祢那強風日烈，不算什麼，我們仍然可以生存在這貧瘠困乏的土地上生活。

　　阿國小小的年紀才六年級，臉上就好像受盡風霜，被曬得那樣那樣蒼老了。

　　他帶湯姆到海邊，丟給湯姆一副蛙鏡，還有一雙特製的蛙鞋，這裡的海域比較安全，ㄩ字型的海灣內浮潛，不會被洋流沖到外海去，身上綁一條繩子套在保麗龍圓球上。

「阿國！你常來這裡游泳嗎？」

「才不是呢！我是常來這裡討生活，和爸爸下海挫魚撿海螺、牡蠣、生蠔拿去賣。」

「喔！」

「湯姆！你敢游海水嗎？」

「我不知道吔！」

「那我們走到海邊，我再教你怎麼下海游泳吧！」

「嗯！」

「哇！腳好痛哦！」

「湯姆！你布鞋要穿著，不要赤腳踩在蔞蛄石（珊瑚礁岩石）上，這些蔞蛄石很利的呢！把布鞋套在我爸爸特製的蛙鞋，走路要小心哦！」

海水一波一波的衝過來，全身溼答答的。趕快把蛙鏡戴起來，低下頭，慢慢地調整身體的部位，做好平衡，蛙鏡才不會進水。

哇！抬頭甩一甩水珠，整張臉被海水浸得看不到東西，霧濛濛的，全是水泡泡。

大浪又衝過來了，一把，把湯姆衝上岸，海灘上，全身都是沙子，連嘴巴也吃了一大口的沙子及海水。

兩人坐在沙灘上，任由海水的沖刷。

「湯姆！你沒有穿過蛙鞋，戴過蛙鏡嗎？」

「呵！」來不及回答，又被灌進一口海水。

檳榔說客

「呵！」笑出來。「沒有！連蛙鏡都沒看過呢！」

「難怪你不會游，如果不戴蛙鏡，還有蛙鞋到海裡游泳的話，那海中的海底世界，你就看不到那美麗得出奇的海洋奇觀了。

戴了蛙鏡，探頭看一下海底，你就知道為什麼要你戴這兩樣東西在身上。

要不然你先穿著布鞋，我帶你到海浪比較平靜的珊瑚礁平台。」

「喔！」

「湯姆！湯姆！這裡有一條海溝，浪潮不大，上面那一個窟窿，水清澈見底，可以在這裡試戴蛙鏡、蛙鞋，等調整到最好最緊的時候，再順著珊瑚礁平台，溜下海中。」

「哦！」

「戴好了嗎？」

「嗯！」

「泡在水中，整顆頭浸在水裡試試看會不會漏水。可以了嗎？」

「嗯！眼睛可以看到水中的東西了。」

「這裡有一條管子含在嘴裡，先試著練習在水中吹氣，吸氣，這樣練習幾次之後，可以換氣了。

等一下到海中浮潛時，身體盡量放輕鬆，讓身體保持漂浮狀態。要呼吸的時候，把一口氣往管子一吹，然後再吸一口氣，這樣子就可以一面游泳，一面看海底世界的景觀，一面呼吸換氣。

穿蛙鞋，綁保麗龍圓球在身邊，會幫助身體有浮力，游起來才不會那麼吃力，等一下下水，你就知道了哦！」

「這樣可以了嗎？」

「那我們提著蛙鞋，找一處海水平緩的平台下水。」

「嗯！」

「湯姆！湯姆！走慢一點，小心哦！」

珊瑚礁岩不好走，一步步，慢慢走，蹲下來，穿好蛙鞋。

「我先下去了。」

啵！哇！阿國游得好順哦！好像湯姆在大圳游泳，那麼自然。

湯姆等不及躍躍欲試，膽大的，慢慢滑下去。

噢！涼涼的海水溼透全身，好舒服哦！

低頭看一下海底，哇！真漂亮。

天啊！怎麼這麼美麗啊！一隻魚，兩隻魚，哇！海水底下全是魚群，每一群的魚種全是色彩繽紛，燦爛奪目。

檳榔說客

　　哇啊！好棒哦！太漂亮了，真的很漂亮。

　　看到紅色珊瑚、紫色珊瑚，海草隨著潮水漂盪來漂盪去，好像岸上的強風吹著草原上的浪花一般，一波未平，一波又起。

　　只是這裡的浪潮波浪下，躲著好多好多魚蝦貝類。

　　色彩豔麗的海舌牛，全身粉紅透頂，身體長滿了一點一點深紅色斑點，真的很耀眼，模樣好像柔軟的麻糬一樣，造型奇特得像隻兔子，又像長頸鹿的頭。

　　走路慢吞吞的，爬在岩石上，有像公雞冠，又像吹泡泡球一樣的。

　　身上長滿了像花枝的觸手會伸縮，遠遠看像一朵開了花的花蕊，極其壯觀。

　　有些像各種水彩顏料擠在一起，一坨坨的。

　　五顏六色的舌尾海牛，頭上還長兩隻角呢！那兩個角，像蛋糕上的水蜜桃一樣，極其可愛。

小丑魚

　　海紫羅蘭、肯代海葵、小丑魚優游其中，忽而躲在其柔軟千手萬叢的觸手中，忽而又冒出頭來看看屬於它周圍的世界。小丑魚的一生就住在這個共生的海葵身上，度過牠美麗的一生。

　　有管海葵，好像陸地上的管芒草一樣。

　　毛箭管蟲、旋毛管蟲，好像迴旋的樓梯一般，又像

檳榔說客

千層塔蛋糕一樣，一層層疊上去，遠看像冬天北方的雪景才有的景象。

那塔狀似曾下過雪一般覆蓋著牠，形成繽紛色彩，極其美麗。

黃藍綠海牛，又大又漂亮，真想把牠帶回家，和紫口芋螺藍線一樣，色彩鮮豔得令人看了不想離開呢！

長尾海牛體背有黑色，看似紫毛。

黃疣海牛白色、乳白色中，又點綴著黃色斑點，好像小女孩穿上一件可愛的小白色短裙上，有點點黃橙橙、豔麗的斑點一般。

多指海牛、黃絲古尾海牛，好像將所有彩色膏擠在一起一樣。

背枝狀海兔，銀澄澄的，枝爪像山峰一樣，到處伸展。

白頭燕尾海牛，好像歐洲的紳士身上穿的燕尾服一般，看起來很優雅。

黃斑燕尾海牛、紅斑舌海牛，粉紅得好像一塊蛋糕上的各色鮮奶油一樣。

紫綠海牛、海葵蝦、清潔蝦、紅橫紋寄居蟹、青斑寄居蟹、長眼柄寄居蟹、大紅斑點蟹、藍海星、紅海星、海百合，海底會走路的草，牠們還會跑會跳哦！牠們生長在海中就像活動的星星一樣，可以到處移動呢！

如果幫牠們穿上芭蕾舞服裝，讓牠們集體跳上一段天鵝湖，一定很精彩。

海百合是有生命的有機體海中生物，阿國想要捉住牠，牠也會適時的逃走，那樣子很像會武功的俠女施展輕功，飄然縱身飛入叢林裡一樣，這種海百合沒有頭和眼耳鼻舌，但身體的靈敏程度，會讓人感到不可思議，牠只像一般雜草一樣，但對周圍的環境有反應，在海中要不是親身看到這種生物，還真難以想像。

佛教所講十方法界一切眾生，有情識，無情識，就是有感情的動植物，與有神經意識的生物。

海百合是否有神經意識，阿國也搞不清楚，只是在海中遇到牠，會逗著牠玩，就像陸地上的含羞草碰到它一下，就會把葉子縮起來一樣，只是含羞草不會走動，或又跑又跳的躲避敵人，連這種生物都有神經意識了，更何況是人。

阿國的阿嬤常常對阿國他們兄弟及他爸爸說，他們家會住在海邊，靠海裡的魚蝦貝類維生，這是宿世的冤業，阿彌陀佛的佛號要念誦千百億萬遍，才能消除這深似海的業障，阿嬤叫他們兄弟不要靠殺生為業來過生活。

阿國雖然和小湯姆一樣，年紀很小，但都很喜歡聽長輩講說佛經的故事，對佛陀在那麼久遠的歷史當中，

檳榔說客

可以把宇宙一切人生的真理，講說得那麼透切，感到不可思議。

　　阿國說海中的生物是陸地所有看得到，看不到的總和，海洋是人類最早的生命孕育處，游在大海當中，人相對變得渺小。

　　海蕈軟珊瑚像一件柔軟的白色棉皮大衣一樣。

　　前面有一個海扇角珊瑚立在海溝的懸崖上。

　　白玉軟珊瑚像翠玉白菜一樣地晶瑩剔透，讓人看了目不暇給。

　　鹿角軟珊瑚，往海底看下去，好像千百萬頭的鹿在那兒啃草一樣。

　　枝狀造珊瑚又像鐘乳石，又像八爪章魚的爪一樣，毛茸茸的有瘤，管狀、指頭狀，千變萬化的形狀，讓人看了想再看。

　　齒結海葵，好像皮膚長肉瘤一樣，一粒一粒的，黏黏稠稠的，又像長泡泡囊團一樣，連成一片片，形成柔軟面的地衣一樣，極其壯觀。

　　造礁珊瑚、浪形石珊瑚、網狀石珊瑚、石珊瑚、棘刺珊瑚、瘤形石珊瑚、菊齒石珊瑚、尖脊石珊瑚、囊狀石珊瑚、枝狀石珊瑚、杯形石珊瑚、花管狀石珊瑚、管狀石珊瑚、管叉石珊瑚、盤形石珊瑚。

　　扇形石珊瑚長得比客廳的沙發還大，像一面大屏風一樣，平躺在海底或在石岩上。

牡蠣蠔、寄居蟹，棲息在借來的殼內。海螺、大玉黍螺，普通的小的極光滑。

玉黍螺、天狗螺、海菜、綠蟹專吃蛤。

水母、海星身體會伸縮。

五爪麵包軟海綿、紅色白色透明軟珊瑚、海膽。潮間帶有許多軟硬珊瑚，極其漂亮。

各種螺、美人蝦、喇叭蟲、大瘤蛾螺、大腳蟹、海跳蟲，到處可見。

小卷烏賊、海蟑螂及花海葵像朵花一樣，開在海底。

鹿角珊瑚指、玫瑰珊瑚、象牙珊瑚、圓木海綿體、大螯蝦、龍蝦、長刺黑海膽、幼海膽、左旋大香螺、女王鳳凰螺，外型極其美麗。

海草隨著浪花的波動潮浪下，有大赤旋螺、章魚、海龍、海馬、海兔、大海星、長角牛魟、蜘蛛蟹、海葵、掌狀紅皮藻、海參、管狀珊瑚、海雞冠珊瑚。

掘雄海膽動作遲鈍緩慢。

乳白色的海葵、小丑魚躲在其間優游，好像牠們生活在牛乳中，快樂地探頭探腦看這個世界。游近一看，才知道牠們和我們一樣，也被強大的浪潮震得上下不停地游動呢！這種小丑魚和軟海葵在海岸線離水深幾公尺就可以看到，真的很神奇。

檳榔說客

　　看到小丑魚黃色的身體在頭眼的部位，圈成一環狀白色的線條，越看越喜歡牠們，既逗趣又可愛。

　　小丑魚雖然害羞，看到我們游近時，會躲到海葵裡藏起來，但是我們如果看牠們看得太久的話，牠們也會作勢想要攻擊我們呢！但比起神仙魚、小黑雀鯛魚，小丑魚溫和多了。

　　碰到黑雀鯛魚的地盤，牠的嘴巴會像一位碎碎念的媽媽或老師一樣，上下咬合個不停，然後很兇悍游過來，快速地想衝撞人。如果不接受牠的警告，牠會氣得在牠的地盤游上游下，好像惹惱牠，不趕走你，牠絕不甘心似的呢！

　　好好玩的小鯛魚，這種魚帶著蛙鏡往海水裡看，不到半公尺以下，到處可見。牠們常躲在礁石縫間活動。

　　變色小雀鯛魚，阿國說這種小鯛魚，有時候變銀色或藍色，魚群多的時候，被包圍起來，是看不到人的。

　　魚群之多，可以覆蓋整個海域，現在有魚民炸魚放毒藥，數量越來越少，沒以前那麼壯觀了。

　　如果運氣好，還可以遇到幾大群游來游去的壯觀場面，不過，不用看變色魚，光看海底這麼多樣的魚群，及其他色彩繽紛的生命群，就已經看了大呼過癮了。

　　海水底下，充滿了各種花色圖案或鮮豔色彩的魚類。

神仙雀鯛類有百百種，類似斗大的小叉子魚，有紅白相間，有藍白色種，也有銀灰色的小小的兩顆眼睛，像畫上去的黑豆子一般，極其可愛精巧，在洞裡鑽進鑽出。

有的魚像箭一樣，身上背著一排的羽毛，在水中飛快地奔馳，好像空中的雲雀，飛到高空中，快速地俯衝下來，根本來不及看牠們一眼，已經消失在眼前了。

轉眼間，又看到同一類魚群出現，色彩卻完全不同，彩色變化多端，游過來，游過去，看得身體會在水中跟著魚兒一起翻滾，不知道要先看哪一種魚比較過癮。

看阿國很有耐性的，慢慢地游動，一下子深潛到海底去捉魚，一下子又浮到湯姆身邊，陪著湯姆浮潛。

看到炸彈魚了。哇！怎麼有這種魚，這麼像炮彈的魚啊！這簡直就像炸彈一樣嘛！身體肥嘟嘟的，嘴巴大方口，黃色的厚嘴唇，彩色斑點有白色、黑色、黃色，背上像阿兵哥穿的迷彩裝，黑灰白相間的網狀圖樣，也有像潛水艇一樣的身體。青藍乳白銀色集於一身，身體的正中間忽然畫一條大橫紋，繞著全身，好像披一條彩帶在身上游動似的，真的很可愛，又討喜。

獅子魚刺河魨全身火辣辣的，一根一根尖尖的刺。

阿國曾警告湯姆離這種魚遠一點，不要被牠們刺到，會中毒的。倒楣一點，還會死人呢！牠們的模樣看似燦爛豔麗，但毒性強，只能遠觀，不要貪看，靠得太近。

河魨魚種類也滿多種的，海中的魚類和陸地上的淡水魚，差別很大。生活在海中的熱帶魚，全身色彩紅黃白藍色、深藍色、銀灰線色、黑紫色，各種不同的魚種搭配不同的色彩。

每一條魚都有不同的色彩，變化之大，讓湯姆在海裡游了半天，仍然不覺得累，似乎仍意猶未盡，想要多看一些時間。

一群深黃色的魚游過來了。

哇！好漂亮哦！

還有一群群的蝶魚，黑白相間的神仙魚，深黃色、藍色分兩段披在身上的神仙魚，一隻隻的游來游去。

阿國可能不知道，湯姆已經被這裡的海水魚，迷得神魂顛倒，這些炫爛奪目的海水魚、海中珊瑚。

海水世界

檳榔說客

檳榔說客

檳榔說客

檳榔說客

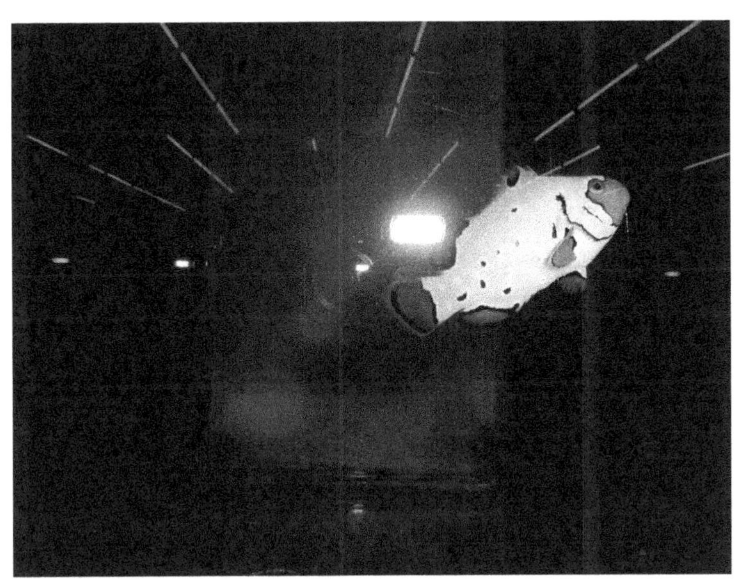

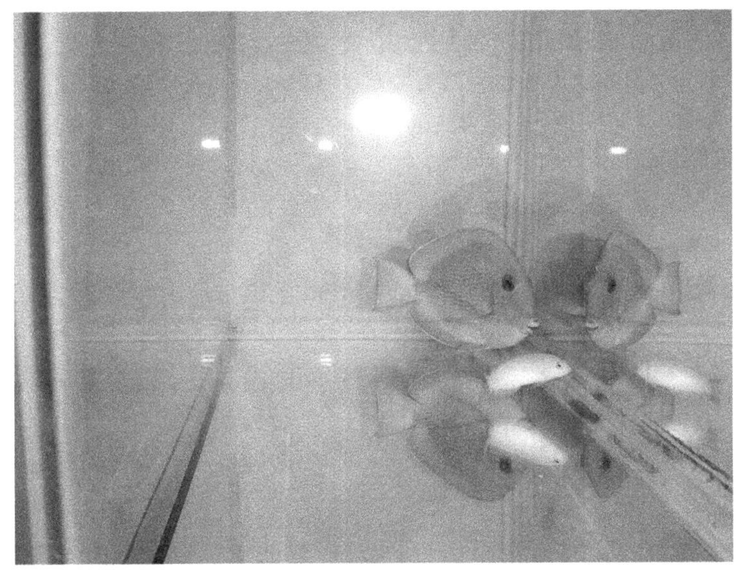

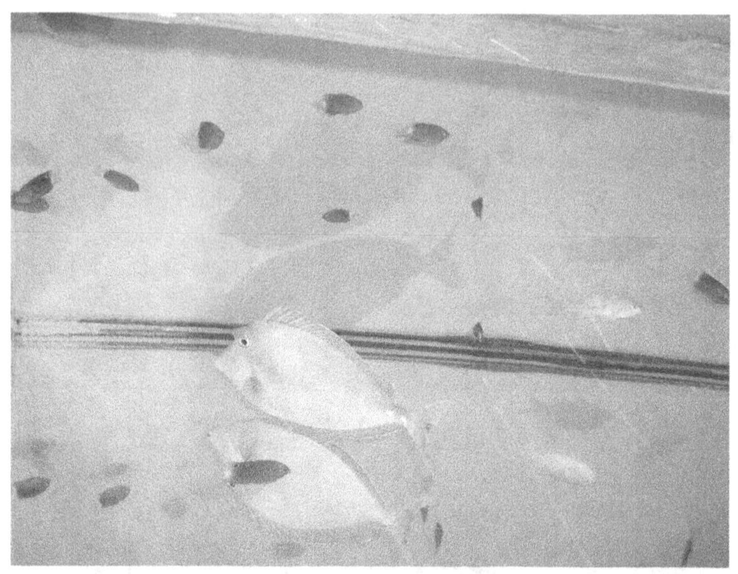

檳榔說客

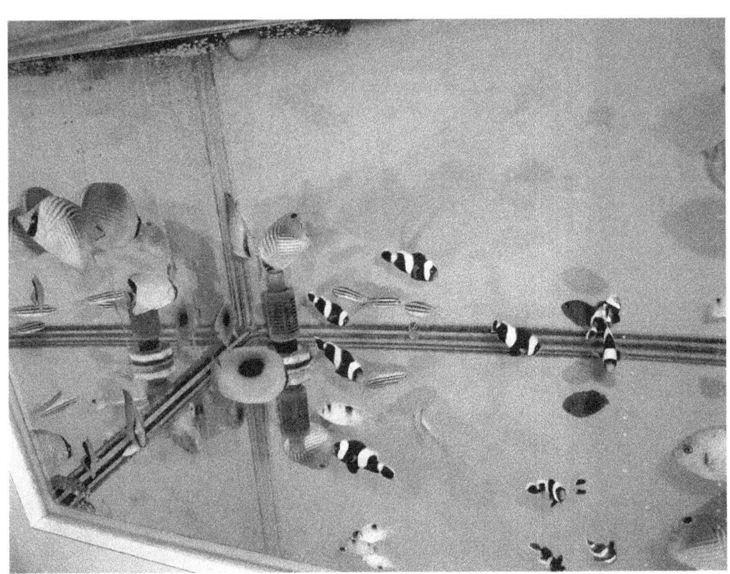

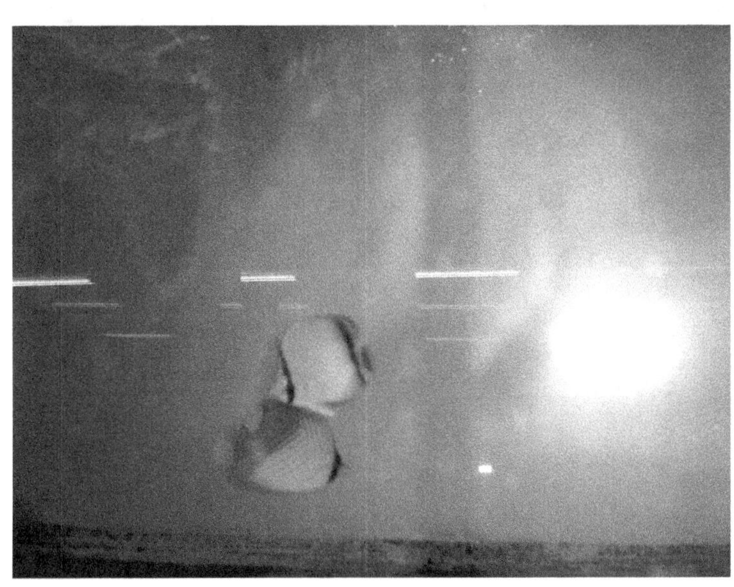

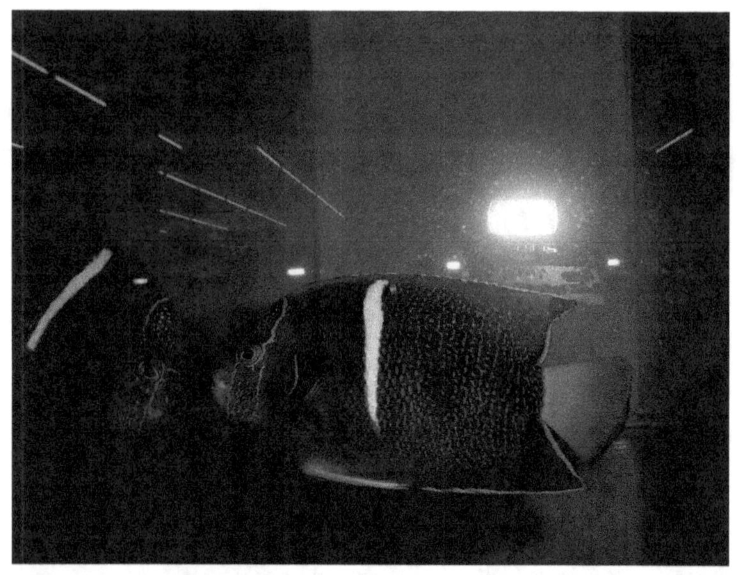

阿國姑丈

黑甜粥

　　傍晚的時候，坐在阿國他們家的客廳走廊上，雖然是木板木塊搭造的房子，有點斜斜歪歪的。

　　廚房客廳一起共用，廚灶的灶爐用石頭磚塊堆砌疊成圓圈，好像我們在郊外野餐，用石頭做成的灶坑一樣。

　　木頭乾柴撿很多，用瓊麻的乾葉子來起火燃燒。這裡野地裡，到處都可以撿到木頭樹塊來當柴料。

檳榔說客

　　今天下午游完海水回來，和阿國去撿很多木材回來燃燒。

　　媽媽有先見之明，她怕我來找阿國玩，一住下來，三、五天也說不定。看我愛玩，又喜歡到處交朋友，從屏東繁華村搭車到恆春要一百多公里，很遠很遠呢！和到台南、雲林差不多的時間。

　　媽媽要湯姆帶十斤白米、十斤花生、五斤紅豆、五斤綠豆及砂糖來找阿國，她才放心讓湯姆來這裡住幾天。

　　媽媽知道這裡有很多人，沒有田地種植作物，都是靠討海維生，生活上和內地不一樣，湯姆要去那裡打擾人家，帶一些家裡自種的五穀雜糧來當伴手禮，也比較有禮數，不至於唐突地白白吃人家幾頓飯。媽媽說和去雲林找阿茂叔不一樣，阿茂叔好客又會賺錢，家裡富裕得很，喜歡湯姆都來不及了，哪需要帶伴手禮，只要湯姆能常常去他家玩，就很高興了。

　　「湯姆！湯姆！現在還早，日頭還沒落下，我帶你去野地裡摘野菜好嗎？」

　　「嗯！」

　　「走！」

　　屋外的空地到處都是刺莧。

　　「野菜整株拔回家，讓我阿嬤去整理嫩莖嫩葉。」

哇！一下子而已，拔了一大堆。

「先抱回家，再來摘其他的野菜。」

「好！」

「湯姆！湯姆！這種野菜你吃過嗎？」

「沒有吔！這種刺莧仔，我們田裡到處都是，我還不曉得它可以吃呢！」

「等一下我阿嬤燙熟了，或炒一盤刺莧骨搭配車前草加豆腐皮來吃，你就知道那味道有多可口鮮嫩了。」

「真的嗎？」

「嗯！我們住在恆春、墾丁這個地方，冬天風大，夏天長，太陽又炎熱，土地貧瘠，沒有養份可以種植作物，只好靠捕魚、摘野菜來生活了。」

湯姆聽不太懂阿國說的道理，只覺得他們這裡的生活條件，好像有那麼一點艱苦。

「阿國！阿國！你們這裡可以摘得到黑甜菜（龍葵）嗎？」

「可以啊！湯姆！你也知道有這種野菜哦？」

「當然知道了，這種野菜最好吃了，煮粥來吃，配上幾粒花生醃小黃瓜或豆腐乳，吃起來棒呆了。」

笑！阿國笑出來了，很少看到阿國笑得很開懷。

「走！我們去靠近山那邊摘，那裡有許多皇宮菜、豬母菜。」

檳榔說客

「啊！豬母菜也可以吃嗎？」

「可以啊！好吃得很呢！整株洗乾淨，沖一沖水下鍋，燙一下，涼拌調一點豬油沾醬油、香油、蒜汁，或大火炒一炒，好吃得很呢！真的哦！」

湯姆第一次來一趟恆春，還真學到不少新的知識。

這裡有新奇的事物可以學習，海底世界有看不完的魚類，陸地上還有許多新鮮的事兒。

阿國說改天要帶湯姆進入森林公園看大板樹，那裡的樹根纏繞著到處攀爬，

像隧道一樣，很驚奇。

湯姆有點期待，希望來這裡多住幾天，可以到處看個夠。

「阿國！我們以後有時間，你可以多帶我幾次去海裡看熱帶魚嗎？」

「嗯！好呀！」

笑！兩個全笑出來，笑得很開心。

這是從基隆分開之後，那麼久的時間，湯姆和阿國兩位朋友又湊在一起，近日裡密集的相處，所培養出來的好感情。

現在阿國越來越喜歡湯姆了，而湯姆也越來越信任阿國的友誼，他們兩個有說不完的話題及共同的嗜好，要去野地探險。

「湯姆！湯姆！這裡有土人參長一大欉，摘幾把，還有艾草、鹿角萵苣。今天先摘這些，改天再來這裡採摘。」

「嗯！」

「那我們回家吧！搞不好阿嬤已經煮好你帶來的紅、綠豆湯了呢！」

口水直流了，想到要回家吃飯，肚子就舒服起來。

游了一天的海水，肚子真的有點餓，不是普通的餓，是好餓，好餓呢！

想到回家可以馬上吃到熱騰騰的飯，就跑起來，快跑回家，一路上，笑得很開心，笑得很燦爛。

湯姆和阿國一面跑，一面跳地回到家中。

「阿嬤！我們回來了。」

阿嬤和阿國的媽媽蹲在灶火前煮飯、燒菜，端出一盤盤熱呼呼的佳餚，黑甜粥、豬母菜、刺莧、炒車前草碎碴加豆皮，煎一大盤雞蛋炒花生。

哇！好好吃哦！

「湯姆！你還喜歡嗎？」

「謝謝阿嬤！您煮得好好吃喔！湯姆從來沒有吃過這麼好吃的野菜。」

「真的嗎？」

檳榔說客

「真的呀！這幾種野菜我們那裡雖然也可以摘得到，但我們還沒吃過吔！」

阿嬤跟阿國的媽媽笑出來，也笑得很開心。

一面吃飯，一面看風景，坐在屋外吃飯，就可以看到海洋的海水，平緩地，靜靜無波無浪的，在那裡搖晃。

陽光的餘暉，灑在海面上，那海水的粼波蕩漾，一波波地滾動。

那大海好像要小心翼翼的，深怕太用力，會擾動著那斗大的海洋，掀起大浪。

坐在這兒吃飯，心緒有一種莫名的感動。

這裡除了風光明媚之外，湯姆也感受到阿國他們一家子住在這兒生活，其實是滿艱苦的，但是這裡的人們，從他們身上可以看到那份堅忍不拔、堅毅的豪邁性情中，又有那麼一點韌性，好像一棵樹生長在乾旱的斷崖峭壁上，靠著一根粗粗的根攀爬到岩下方向，吸收水氣及養份，那藤根緊攀著岩壁，緊緊的貼著，顯現出那份堅強的生命力，看起來會使人肅然起敬，會對他們有另一種欽佩疼惜，接觸他們以後更會想接近他們，覺得他們像農夫一樣單純、樸素、天真浪漫、樂天知命。雖然日子過得很辛苦，但在他們身上看不到一點點哀怨歎息，或讓人們對他們起憐憫之心。

他們不需要人家同情，同情也是一種鄙視不平等。

　　可憐的樣子，才需要同情，他們沒有要人家同情，他們很努力地生活，生活在這一塊土地非常貧瘠的地方。

　　這裡的風很大，太陽很炎熱，讀書寫字的風氣沒有那麼盛行，人們為了三餐，需要到各處去打零工，或上山下海去捕魚，捉獵物，但他們仍然快樂開朗地面對生活。由於這裡的氣候乾燥，所以民俗風情會比較粗獷豪邁，無拘無束，像脫韁的野馬一樣，臉上的笑容雖然沒有那麼多，但大體而言，他們仍是滿足於現狀的，畢竟這是他們生活的地方。

洗碗工

　　阿國的阿嬤長得很像湯姆的媽媽，也是胖胖的，很慈祥，平常沒事做，就坐在門前看海。她說那大海把她的丈夫及兩個兒子收走了。每天看著那大海就想到丈夫兒子被它吞噬了去，埋葬在海裡。

　　老人家的眼淚不曉得流乾了幾次，這是宿命嗎？

　　她也不知道三個兒子、一位女兒，生長在這個地方，就是要靠海維生，丈夫當漁民去海上捕魚，隨時都有危險，今天出海，人沒有回來以前都不算平安回家。只要丈夫、兒子不在身邊，她就一時一刻也不得安寧，這種擔驚受怕的日子，就是現在阿國的媽媽的寫照。

所以阿國他爸爸一年當中，總有幾個月跑到台北，幫他姑姑整理花店的生意，或做一些雜七雜八的搬運工作，而阿國的媽媽就得留在家裡照顧阿嬤，及阿國他們家的兄弟姊妹。

他爸爸回來時，就換他媽媽到台北姑丈的餐廳去打工，當洗碗工人，夫妻倆輪流到外地賺錢，這個家才有辦法支撐。

吃飽飯，晚上坐在屋外看星星月亮。這裡的夜晚，星星閃閃發光，頭頂全是滿天的星星，不用抬頭，坐在板凳上，看得遠遠的，遠方的星星，就一大團，一大團，掛在天空中，閃閃發光了。

湯姆看得出奇的興奮，他們家被草厝圍住，看的視野只有家門前那一塊大埕而已，好像青蛙坐井觀天一樣，正所謂古井水雞看天頂，以為天就這麼大。來阿國他家住，晚上白天看天，才知道原來外面的世界有這麼大。

這裡有些地方，天氣晴朗的時候，可以看到海上遠方的島嶼，人家說那是菲律賓，也可以看到紅朱嶼（大

檳榔說客

小蘭嶼）。阿國的阿嬤說，他爺爺在世的時候，曾經到過菲律賓打工，去那裡賺錢。

台灣人，尤其是這裡的人，靠菲律賓比較近，很多人都去那裡討生活賺錢，直到現在仍然有人到那兒上班。

阿國的爸爸也想去，但是他阿嬤不肯讓他去那裡工作，她說那裡畢竟是外國，做什麼事總是比較不方便，還好這幾年他姑姑到台北上班，在餐廳當服務生，端盤子認識餐廳經理，兩個人結婚之後，他姑丈繼續在餐廳當經理，他姑姑出來開花店，生意不錯呢！

阿國的媽媽一年當中，有三、五個月到姑丈的餐廳當洗碗工，和他爸爸輪換，這樣阿嬤和阿國才有辦法照顧呢！

阿國告訴湯姆，他姑丈以前是跑商船的，走遍全世界，跑了三年的大船，最後在美國跳船，也跑到中國人開的餐館當洗碗工或服務生。

他姑丈說在美國待七年賺美金，那時真的很累，很苦，沒有辦法，為了要賺美金，再苦再累也得咬緊牙根，繼續當洗碗工，他說那真不是人過的。

美國紐約的餐館那種生意好到不行，一天到頭，只知道洗碗，除了洗碗以外，別的事沒辦法做，因為是跳船，非法移民，被捉到會遣送回國的。

雖然在美國當洗碗工，但總比待在大洋上跑船還要安全。

他姑丈是戰亂的時候，自己跑來台灣的，他們那一輩大陸來的年輕人，有很多人去跑船之後，跳船到世界各地的很多，尤其是美國最多了。

萬萬利

　　「姑丈也曾帶小姑回家住過呢！剛來的時候，小姑丈很喜歡這裡的風景，雖然住在簡陋的房子裡，但他也不會嫌棄的，只是姑丈說這裡的環境很美麗，不輸給美國夏威夷或加州黃金海岸，地中海的愛琴海，阿拉伯灣或牙買加的聖地牙哥、非洲的象牙海岸。他曾告訴我們說，這裡會像美國有些地方的海岸線一樣，成為很繁榮的休閒渡假勝地，不像現在一樣這麼荒涼，人煙稀少。

海岸線雖然美麗，海水澄澈見底，魚蝦、貝類、海資源豐富。但是環境再怎麼漂亮，風光再怎麼明媚，沒有人潮仍然沒有用，就像非洲的象牙海岸，那裡真是漂亮呆了，再也沒有可以看到像那裡那麼使人震撼的風光了，充滿了神秘，整條海岸長到看不到盡頭，海洋陸地連接在一起，真是美麗得令人無法找到更好的形容詞來描述它。

那麼漂亮的地方，他說幾百年後，仍然不會有觀光客去那裡渡假，那也沒用，只留下來給神仙在那兒修行，慢慢享受祂們不受紛擾的生活，讓人們不去打擾祂們吧！

姑丈說這些話，阿嬤、爸爸、媽媽和我聽得一頭霧水，搞不清楚姑丈說的長篇大論。

不過姑丈來這裡住到第五天，就有一點顯得不耐煩了。

剛開始也像湯姆你一樣，要找爸爸陪他到處探險，上山下海。這裡的每一個海域能讓他下海底去看的，他都去了，每去一個地方，回來就興奮得睡不著覺，只說太漂亮了，太美麗了。海底的景觀真的美麗得要命，衝進海底，真的有點不想上來呢！

海中所有魚類珊瑚、軟的、硬的，盡是色彩繽紛的，

檳榔說客

令人目不暇給，用燦爛奪目來形容這些海底的景觀，也還不太精彩，它比燦爛奪目，還要燦爛奪目。海中的繽紛色彩，還要更繽紛多彩，豔麗絕倫，美呆了。

天底下怎麼會有這麼美麗的海水魚，族群如此之多，種類如此之繁，簡直比上帝造物還要神奇了呢！

魚群一大群一大群游到我們的身邊，每隻魚看起來都那麼肥嫩，那麼可愛。大魚大到笨拙笨拙的，緩慢遲鈍地游在你身邊，也不怕生，瞪著兩顆大眼睛看你。

到底是我們人類在看牠們，還是牠們在看我們人類。人魚一時也搞不清楚角色了。

姑丈說他在國外也有潛過海水，但台灣沒有，尤其是恆春半島，這裡的熱帶魚那麼漂亮，漂亮得令人快要窒息了。

姑丈剛來的時候，一天到晚就往海中去潛泳，阿嬤有點擔心姑丈的行為，每次聽姑丈讚嘆得手足舞蹈，喃喃自語個不停，我們家人都有點莫明其妙，畢竟這個地方是我們出生在討生活的所在，它美麗在那裡，我們也看不出來。三餐都得張羅，一家七口顧不得溫飽了，那還有閒情雅緻，再去欣賞什麼明媚風光。

爸爸土土的，聽姑丈一個人那麼興奮地讚嘆，也只有張著一口大大的嘴巴，陪著傻笑而已。

當姑丈在這裡玩過幾天的短暫假期之後，以後再來到這兒住下來，不到兩天，就想回台北了。

他說這裡太荒涼了，人在這兒待久了，沒有新鮮的刺激，人會傻掉，頭腦會變得不靈光。除非有佛教的高僧在此說法，否則人會茫然不知所以，空洞的生活，最容易生起不明了煩惱的心。

這個建設問題是應該要丟給政府來規畫的，如果這裡的環境將來能夠，有完整的規畫成很好的觀光資源，那這裡的老百姓才會有活力，生活品質才會進步。

但是就怕像美國某些休假勝地一樣，被財團壟斷了所有資源，到時候這裡的老百姓沒有受益，搞不好還會賠進去，當像封建時代帝王封侯一樣的封地臣民呢！變成封建主的臣民罷了。

大財團的資本主義那種吸磁效應的力量，非常可怕，他們可以憑藉著財力，到處呼風喚雨，所謂點石成金也不為過。

像這裡的海岸線，景觀視野良好的地方，如果財團花錢買地蓋個五星級大飯店，周邊幾公里之內的街道，再營造個商圈，那所帶來的人潮，就像錢潮湧滾進他們的口袋一般。

最可怕的，是炒作土地的大財團，一般剛開始建設的時候，土地均是未開發的荒涼野地，不管是向當地住民收購，或是向政府買，價錢都很低，有些財團會看準

檳榔說客

有些觀光勝地的潛力，趁當地還沒有發展時，透過政府機構或政府官員，如果那些土地需要透過立法變更地目才可以建設，財團也會不惜花費鉅資，投資在國家可以變更立法的人員身上。

資本主義國家早期都會有這種情形，花費鉅資豢養一些國會議員，或聯邦參眾院、州市議員來變更國土地目，用這種方法賺錢比超級吸塵器在吸金還要快。

土地變更之後，可以蓋超級大飯店或造鎮造市，再把這些經過營造或建設的土地，拿去向銀行貸款。那種超天大變法的魔術師，就好比中國人說的五鬼搬運術，還要可怕厲害了。

一塊地從糞土糞地，變成黃金鑽石，人家說百變千利萬利，也不過如此，何況這是一本萬萬利呢！」

姑丈美國待久了，看的事情比較多，講的話也都超過阿國和他們家人的智力範圍，尤其是他阿嬤對這位跑遍全世界的女婿，更加疑惑。她常常想，怎麼她生養這樣一位鄉下姑娘，可以嫁到這麼一位體貼又溫柔，有學問，又有見地的外省人呢！

阿國很崇拜他姑丈，就像湯姆很崇拜他小七堂哥，或高雄那幾位有氣質涵養，美麗大方的表姊一樣，大人都不曉得其實小孩子，是有他們心目中所要崇拜的對象的，而這些崇拜的對象，絕不是外面那些電視電影明星，或某些阿沙不露，不入流的演員。

大部分的小朋友最想要崇拜自己的爸爸、媽媽、哥哥、姊姊，或身邊最親近的親人、親戚，堂表兄弟，甚至祖宗八代也都想拿來崇拜一番，只有自己的爸爸、媽媽、哥哥、姊姊或親人，無法讓小朋友當成崇拜的對象時，才會在不得已的情況之下，跟著同學或玩伴去崇拜周邊，四周圍的人物或同儕之間的人。

如果連最親近的父親、大哥哥，都無法達到崇拜的心理要求時，那只好難過的跟著人家，隨便亂七八糟的崇拜了。

同學說豬八戒可愛，豬八戒就可愛，同學說孫悟空可愛，就說孫悟空可愛，這些都還好，最怕的是同學一起起哄，就說當流氓混混可愛，也想學著去當流氓混混，那就糟糕了，而我們小朋友就是最容易，把心目中的英雄人物，當做崇拜偶像一樣，來模仿學習的。

人家說打呀殺呀！同學與同學之間的關係，大夥兒為了交情面子，就糊里糊塗的跟著一起喊打喊殺了，這種情形在學校裡最常見。

同學當中總有幾票人馬，根性比較劣，一肚子壞點子，正事不做，專想一些歪步數，想要達到他們那種劣根性的虛榮心，去滿足一下那種權力慾望。

學校老師怎麼都看不懂這種情形，還能搞教育，搞到這麼洋洋得意，想來學校的壞胚子學生，還會偷笑呢！

　　湯姆和阿國聊天聊得很晚很晚，一直不想睡，聽阿國說，他姑丈的故事真的很精彩，他姑丈怎麼有辦法知道這麼多事情，而且對小孩子的心理又這樣的瞭解，難怪阿國那麼崇拜他姑丈，希望有一天也能認識他姑丈，聽他講話一定很有趣，又可以增加很多知識。

　　阿國問湯姆說：「你爸爸、大哥會找你聊天，說很多他們的經驗給你聽嗎？」

　　湯姆搖搖頭，「沒聽過！那你呢？阿國！」

　　「我爸也一樣，不太會說他個人的經驗給我聽，害我都得自己摸索，胡思亂想了半天，仍然很疑惑，不知將來長大要幹嘛？還好姑丈叫我暑假有空，和爸爸或媽媽去找他，我最喜歡上台北了。今年剛好沒上去，要不然湯姆就沒辦法來恆春找我了。」

　　湯姆坐著看看這裡夜晚的星空，內心裡倒有一點想念媽媽，如果在家裡，這個時候，不是在外面遊蕩，就是窩在媽媽身邊睡覺了。

　　阿國真好，有個姑丈。

恆春山海

檳榔說客

檳榔說客

屏東的小湯姆七

檳榔說客

檳榔說客

屏東的小湯姆七

檳榔說客

檳榔說客

屏東的小湯姆七

檳榔說客

檳榔說客

檳榔說客

屏東的小湯姆七

檳榔說客

檳榔說客

基隆穴居

吃火鍋

　　夜深了，深夜裡，蟲蟲的鳴叫聲特別響亮，唧唧吱吱，嘟嘟嘭嘭，哇呀哇呀，蟋蟀的叫聲和蚯蚓肚猴，和其他百類蟲叫齊聲鳴著，青蛙呱呱哇哇地合音，唱著夜晚的交響曲，偶爾也可聽到眼鏡蛇類的求歡叫聲。

　　夜越靜，聲音越響亮清脆，躺在牀上，阿國很快就入眠了。

　　湯姆頭腦卻還很清醒，對這兒的一景一物，人事物充滿了好奇。湯姆一直想著，在基隆搭軍艦，回到基隆港的最後一天，自由活動，大夥兒可以在基隆市區遊玩一天。

　　那一天阿國、湯姆和住在基隆本地的羅舜文、阿隆他們兩位朋友，就住在離港口不遠的小山坡上，邀請湯姆和阿國及幾位同年齡的朋友，一起爬上山坡，去他們家玩。

　　阿隆的爸爸去四腳亭開商店，留下九位兄弟姊妹給他母親撫養。

　　湯姆進入阿隆他們家，嚇一跳，這怎麼叫家呢？這簡直是山洞嘛！天底下還有人住在這種地方討生活，湯姆簡直不敢相信，他眼前所看到的景象，說這裡是他朋友的家裡。

　　那是沿著山坡路上，挖洞進去，裏面潮溼得到處會滴水，牀鋪用木板架著，下面放幾塊磚頭，或比較平穩的石頭，墊在木板下面。一排的大通鋪，全家人擠在一起睡，外面的空地上，搭一個棚子當做廚房。

　　阿國他們家的廚房，和他們比起來，已經算很豪華了，更不用說湯姆他們家的草厝了。

　　湯姆不好意思說什麼，看阿隆和他們家人個性，也都很大方又開朗，尤其是阿隆個性超活潑的，臉上永遠

檳榔說客

堆滿笑臉，看到他時，總會聽到笑得呵呵，笑個不停，他的笑臉真的很燦爛，又天真，讓人感到和他做朋友，永遠都是那麼熱誠又親切。

阿隆真的很有魅力，不管在船艦上，或來他們家裡，只要和他在一起的人，都很喜歡他，好像他有什麼魅力，可以吸引人似的。

湯姆對阿隆的笑聲，及他那一口甜甜的嘴巴，笑起來時，牙齒又白又大又整齊，臉上的酒渦更是迷人，眼睛大大的，如果沒有來他們家，湯姆還以為阿隆是有錢人家的兒子呢！

在鄉下很少看到像阿隆這樣的美少年，他不僅長得好看，最重要的是在他身上，永遠看起來都那麼有自信，樂觀開朗、和善，對人很真誠，平易近人，又不矯揉造作，耍心機，小心眼。總之，和他做朋友，永遠可以感到安心放心，只要和他認識一下子而已，就要像是一輩子的朋友了。

而那位羅舜文住在阿隆他們家附近，湯姆大夥兒爬上去他們家，走一走，看一看，羅舜文的個性很害羞，人長得又瘦又乾巴，好像一副需要人家永遠都得照顧他似的。

一票人去到羅舜文他家不到兩分鐘，大夥兒就一路走下山坡溼滑的石梯路上，回到阿隆家門前繼續聊天。

還是跟阿隆在一起比較快樂。

阿隆的姊姊每一位都長得很漂亮，上面有五位姊姊，阿隆排行老六，所以他家附近的人都叫他小六子，小六子底下有兩位弟弟及一位小妹。

這一家子大大小小擠在這個山洞裡生活，倒也相安無事，只是苦了他媽媽，從早到晚忙個不停，一天要做好幾份工作呢！晚上還要去基隆廟口擺地攤，常常被警察追著跑，苦不堪言。

大姊、二姊已經出外工作上班了，三姊、四姊半工半讀，去台北的工廠上班，五姊也是個美人兒，那天他們全家的小孩統統在家，全家人歡迎我們艦上來的朋友。

基隆的天氣老是下著絲絲的細雨，站在半山腰霧騰騰的，好像住在雲裡一樣，一片雲飄過來，就感到溼漉漉的，眼前霧濛濛一片。

溼溼的空氣中，我們一大票人和阿隆他們一大家子，站在屋外，應該說是山洞外，高高低低的，有的或蹲或站，甚至連站的地方，也不容易有平穩的台地，還得跨三七步才能夠站好，山洞裡面留下幾位他們家人。

但是我們這一大票人，每人手上都拿一副碗筷吃著熱騰騰的火鍋，有吃玉米的，一口一口啃咬得很滿足，有喝湯喝得順順叫，高麗菜一把一把地放在熱鍋裡，滾

檳榔說客

燙的鍋裡有麵條、豆腐、辣椒、丸子、芋頭、什錦料理湯頭，那一天的景象，讓湯姆一輩子難以忘懷。

一大群人在短短的一天內，可以變成這麼好的朋友，受到這溫馨熱情的招待，對於爬上那泥濘滿地，溼氣侵入的困擾，一下子都充滿了陽光的味道了，此時此地，大夥兒站在這個不太像個家的地方，看大家的臉上都堆滿了笑容，青春洋溢地享受著這人間美味，最重要的是我們彼此之間，都能感受到那一份深深的情意，那是人與人之間最摯情，最濃的情意像詩一樣，像村野旳孩童趕著一頭牛，走在那深山水澗，戴著斗笠，拿根釣竿，輕輕的拋灑，細細的一條繩子，往溪流水的地方，不帶一點負擔。

那山境是靜謐宛如仙境的圖畫一般，煙霧縹緲，虛虛渺渺，一切都是輕輕的，心境沒有一絲煩惱，只有寧靜安祥，細細柔柔的，笑聲很自然。

我們也感受不到是來做客的，好像就像一家人，彼此互相關懷，喝完了一碗熱湯，站在前面幫後面的人再添一碗，吃完麵條的，靠近鍋爐的人，再幫大夥添一碗麵條，或丸子什錦火鍋湯。

高山青

　　這種情形在軍艦上，也有過這一番溫馨的畫面。大專院校的大姊姊也是無微不至的，照顧全國各地來的小朋友。

　　在軍艦上，那幾天的時光，大夥兒也曾在夜晚，圍在一起，吃吃喝喝的，救國團的大姊姊們，個個都很溫柔，美麗大方。

檳榔說客

那一天的夜裡，有一位美麗的大姊站在中央，被大家圍著，聽她唱一首永遠令人難忘的歌曲。

「青青的高山呀！青又青，茫茫的大海呀！藍又藍，檳榔樹的影子呀！長又長，好像我倆的友情深又深，永遠永遠忘不了你的人，此情此意，永印在我心中。」

我最難忘的好朋友。

歌聲高亢嘹亮，在那大海上的深夜裡，聽起來更能引人心思惆悵，有一種鬱鬱的，淒美淒美。

那種憂傷中帶一點情意，好似想念著遠方的情人或戀人，那種又甜甜，又苦苦的，愁愁的相思那種味兒，也只有遠遊的遊子，才能夠感受到那種思鄉懷母慈恩的情愁，也才能夠感受到心中的那一段詩意。

湯姆腦中的畫面，充滿了對過去和阿國在軍艦上，及其他的朋友、信誼姊姊，和那些大姊姊們的想念，他想起了阿隆，想起了阿隆他們那一家子，對那一次火鍋聚會，永遠永遠都忘不了，連那首高山青，「檳榔的影子長又長，好像我們倆的友情深又深，」聽得好感動，感動得有點想哭呢！

阿隆他們家及他們家人的笑聲，好像又浮現在眼前。

基隆那個地方，雖然也住了一些窮苦的人家，但他們沒有說苦的權利，他們仍然住在那潮溼的山洞中，繼續生活著。

一整座山，住滿了和環境對抗的人們，外人看到他們住在那兒，以為那裡的環境很惡劣，但真正和他們相處之後，才知道他們多麼滿足於現在的生活，就像高雄的表姊來湯姆家裡，看到草厝間，那種眼神散發著憐憫之心的表情，他們可能沒有同情的感情在裡面，但看在小湯姆那小小的心靈裡，已經可以感受得到都市的表姊，在生活認知上，是和湯姆他們家有許多的不同觀點。

表姊她們不喜歡曬太陽，不喜歡在外面吹自然風，看到雞鴨鵝狗貓，也不會像湯姆一樣，會很興奮的，有這些動物的陪伴。

表姊她們喜歡穿得乾乾淨淨的，頭髮梳得很順，整整齊齊的。走路或說話都很輕聲細語的，連看人的動作都很小心，像個小女孩一樣，盡量表現她們那受過高等教育的涵養，而不像村姑一樣，土土俗俗的。

雖然表姊她們不是故意裝成這個樣子，但湯姆那小小的心思卻很敏感，可以感受到鄉下人，與都市不同的生活型態之下，會有著不同的觀點與認知。

其實每一位小孩子都很敏感的，大人對小孩子的感覺，常常都不在意，也不太關心，以為孩仔，小孩子不懂世事，有耳沒嘴，這種不尊重小朋友的心態，會帶給小朋友很大壓力的，也會讓小朋友感覺到，在大人的世

檳榔說客

界不受重視，以為小孩子就是這樣子，吃飽等著長大，不懂事，那真的很傷人呢！

其實每位小朋友都期望著家人，多多關心他們的想法，或尊重他們的看法，至少不要把他們當成什麼事都不懂，而忽略了和他們商量的機會。

如果天下父母親都能夠尊重小朋友，那小朋友生長在這個大人的世界，就不會感到壓力了。

湯姆睡不著，實在是因為太興奮了。

能夠來恆春找阿國，又能夠睡在他們家，這裡的一切都太新鮮了，能使人想起很多事情，基隆的阿隆、雲林的阿茂叔。

阿茂叔家也是住在海邊，那裡也可以感覺，像阿國他們家這裡一樣，都是海風味很濃，農田沒有作物生長，好像荒涼的野地一樣，人們走在街上，看不到充滿幸福滿足的笑臉，或是像農夫一樣，熱熱鬧鬧地和左鄰右舍點頭打招呼，每天忙碌的吆喝，唱山歌的唱山歌，吆喝的吆喝，人前人後，見面叫一聲，「阿得兄！你嘜去堆（去哪兒呀）？」

「沒啦！來這裡坐一坐啦！」

彼此笑呵呵的。

那笑聲從早響到晚，直到入夜，夜深人靜，幾隻的狗吠聲，劃破夜晚的寧靜，公雞會準時雞鳴，咕咕咕！

一大早，公雞叫個不停，一天的開始，又時序地周而復始，吵鬧起來。

住在鄉下，大人小孩，家家戶戶彼此之間，好似沒有遮蓋的天蓬之下，戶與戶，街與街，整個村落彼此間完全沒有秘密。

誰家人做什麼事，逃不過張三李四的眼裡，村人的德行全莊都彼此互相瞭解，誰也瞞不了。

誰家人有什麼大秘密，只除了夫妻恩愛的私情，無法透光之外，誰家的小孩感冒發燒，或誰家的小孩登狀元，彼此都透底的瞭解，這就是住在鄉下和都市不同的地方。

那村莊是封閉的，不像阿國他們這裡，一戶人家要跑到很遠的距離，才可以看到另一戶人家，有的話也是三三兩兩戶，緊靠在一起，而且夜晚白天和湯姆他住的地方，也都有不一樣的蟲鳴鳥叫聲。

雲林的風大和恆春這裡一樣，人們的互動方式也沒有那麼緊密，互助和諧是務農人身上特有的標誌。

湯姆喜歡熱熱鬧鬧的，不喜歡傷感。

他睡在阿國他們家的木板上，內心裡有一點惆悵，這種惆悵很奇怪的，自然會產生出來，這種感覺別的小孩子不曉得會不會有，他不知道，但他就快要進入六年級了。

檳榔說客

　　去阿國他們家回來之後，偶爾會想念著恆春的一切。那裡的森林樹下，老鷹野兔，大草原上幾頭的馬兒，在那兒奔跑，羊群咩咩叫個不停，尤其是海底的魚。

　　有一陣子，剛回來睡到半夜，還以為和阿國在海裡，在那千奇百豔的海底，有好多彩色魚呢！甚至做夢，夢到有好多好多的大魚。大魚藏躲在珊瑚洞裡，探出頭來，張大口，看著湯姆從牠身上游過。

　　大頭魚，頭好大好大。

　　阿國說那是海中的大石斑魚，有的大石斑魚已經活了好幾十年了，有一種叫做包公魚（學名多線條黑鱸），牠也是常見在珊瑚礁裡的石斑家族成員，這種魚身懷劇毒，受到驚嚇時，會分泌特殊的黏液，使哺乳類及魚中毒。阿國叫湯姆要小心海蛇及這種魚，不要驚擾牠們就沒事了。

　　那一群一群的紅色魚群，就這麼靠近他們，近乎伸手就可以摸到牠們似的。

　　那裡的景象，有時候會一幕幕，自然浮現在湯姆的腦海裡，忽隱忽現。

　　湯姆很懷念，懷念阿國，懷念基隆的阿隆及他們家人，懷念信誼姊姊及軍艦上的大哥哥、大姊姊們，希望有時間可以再去找他們玩。

小卒仔

「媽媽！媽媽！今年的水稻為什麼種這麼多呢？」

媽媽仍然拿鋤頭鋤著泥土，一塊一塊地往田埂，堆疊整齊。

堂叔聊完了天，就走回到他的木瓜園，去整理他的木瓜樹了。

湯姆聽了大人講的許多話，和自己的人生經驗，一

檳榔說客

起參雜著想像了半天。大人的世界是不是和小孩子不一樣？

媽媽和爸爸一天到晚忙著農事，永遠永遠有做不完的工作。

從小到現在，看媽媽一直忙個不停。一大早就起來煮飯燒菜，又要下田工作，回家不是忙著餵豬餵雞鴨鵝的，就是煮三餐飯的時間也夠忙了，整天像個陀螺一樣轉個不停。

難得看媽媽清閒的時候，就是傍晚坐在大埕的板凳上，聽聽清子婆婆說說她一天的見聞及經歷。

最近又有一位姪子，應該是遠親阿木，常常來找媽媽串門子。

他說到台北進入電視台演戲，好像擔任很吃重的角色，表情極其慎重的，宣布他上電視台了，他的節目應該會在什麼時候播出來，每天都來跟媽媽說。

「伯母！無論如何您一定要看到我，上電視台演戲的角色。」

能夠上電視台，不得了呢！全番仔寮還沒有一個人，能夠上得了電視台演戲，只除了他。

他深信絕無別人能夠跟他比，講得湯姆一家人目瞪口呆，好像我們親戚當中，終於有人要當大明星了。

阿木每次說完話，一直很期待湯姆的媽媽，給他一個讚賞的誇獎，或給他一點鼓勵，可惜湯姆的媽媽沒什麼學問可以給他，想要的誇獎或鼓勵，只會張著大大的嘴巴，笑一笑。

阿木從小就沒有媽媽，可能很想要有媽媽，可以撒撒嬌。他常常一陣子，待在村子裡逛一逛，一陣子，又消失不見了，不曉得去那裡流浪了，誰也不知道。

這次回來，一直纏著媽媽，一定要看他的節目。等到他的節目要播放的時候，還特地邀請媽媽和湯姆家人，到村子裡，有電視機的家庭，去借一個地方站著看。

大夥兒連主人也期待著阿木在電視台，到底是演出什麼樣的一個大角色的時候，電視畫面是一齣古裝戲，兩隊古代的軍隊在戰鬥，兵卒一堆，一個個拿著武器旗竿，到處打殺。

湯姆家人一直盯著電視台，以為阿木會是演那一個將軍這麼重要的角色，要我們一家子的人不惜老臉皮，跑來人家家裡看電視。

畫面一直播放著打殺場景，就是看不到阿木的影子，等大夥兒快失去耐性的時候，阿木大叫一聲，「我在這裡，這個就是我啦！」等他用手指指著影像中的人物時，我們不免替他傷心的，不知道該說些什麼。

原來他老兄大老遠跑到台北，去當個被殺死的卒仔，身上前後寫個黑色的大字「卒」，一面跑，一面爬，

檳榔說客

被追打的屁滾尿流了，然後被人家狠狠的，從背後一戳，整個人四腳朝天的，死翹翹了。畫面上出現大概不會超過幾秒。

這就是阿木可愛的地方。

湯姆的媽媽問他：「去台北當演員有沒有賺錢？」

他說：「有！被叫去當臨時演員，出一場景大概可以拿到一百塊。」

湯姆的媽媽說：「憨兒！待在我們村子裡幫人家放牛，一天的工資也不只一百塊錢，怎麼那麼阿西，跑到老遠的台北去當一百塊的卒仔呀！」

阿木的標準動作，就是搔搔頭，然後張開一張大嘴巴，坐在竹籐椅上，兩腳懸空，不停地晃動，好像小朋友坐在高的地方，雙腳懸空擺動一樣。

湯姆全家人都很關心阿木，知道他老實又憨厚，只是不太會做粗重的農事而已，所以他們家的田地均由大哥大嫂掌管，一切的營收他也分不到好處。

親兄弟不比父母親會把親生至親的兒子，照顧得妥妥貼貼的。兄弟姊妹之間如果親生父母亡故的話，一般都不太能像父母親在世的時候，那樣甜蜜，和諧相處。這項傳統不曉得是什麼時候，流傳下來的壞習俗。

現時鄉下有很多地方兄弟不合，姑舅老死不相往來，左鄰右舍有些看起來好像滿親的，但就是缺乏那種真性情的關懷，有的時候也只是做做樣子，噓寒問暖。可要噓寒問暖，也沒有多大本領，往往好意不會表達，卻變成虛情假意呢！

往早的鄉下人就不會有這種情形發生，那時候的人是真性情的對人或鄰居親朋好友，甚至連陌生的人，都會付出愛心來關懷別人，所謂人間處處有溫暖，就是那樣的情形。

時代越進步，人情越淡泊，物質越文明，人與人的距離就越來越遠了。還是沒有電視摩托車的時代比較好，沒有電視機，鄉下人會三、五好友聚集在一起，聊天連絡感情，傳統歌仔戲會聚集村人，在一起看忠孝節義，有教化作用的戲劇，沒有摩托車、電機動力的機具，人與人之間會彼此互相靠勞力來幫忙，那互動之間的情誼，真是人情流露。馬路鋪上柏油之後，一切改變了，牛車漸漸變少了，生活的速度也變快了，但人心也越來越貪婪了。

紅瓦厝

　　湯姆到一處客家人住的地方，看那對夫妻不像個種田人家，住在野外那個地方，全是種檳榔樹，一條牛車道穿過濃密的檳榔園。

　　有一天湯姆無聊，從他們家的田地帶著庫洛去四處亂逛，看到一處花生田，有一位老農夫客家老人在那裡採收落花生。

　　湯姆喜歡吃花生，問阿伯：「可以撿您採收過，沒撿乾淨的花生粒嗎？」

　　客家阿伯聽不太懂湯姆的閩南語，仍然繼續蹲在土壠堆裡拔花生，湯姆只好站在遠遠的地方，撿拾前幾天採收完的花生田。阿伯花生田的上方，有三個連在一起的大池塘，好像人家的養魚池，沒有圍圍牆的魚池。好奇怪哦！爬上去看看。哋！魚池裡有幾艘小船，上面冇凳子，桌椅也有放幾本書及茶包茶壺，還有花瓶，花瓶裡，插一朵紅色的玫瑰花，看起來很浪漫，又詩情畫意。

　　魚池塘的大堤防上種滿了各種花卉，有幾棵苦苓樹、木棉樹，走到盡頭，往下方看下去，卻是剛剛看到那一條的牛車道，一間紅瓦厝蓋在檳榔園的樹影下，從花生田往那裡看，看不到這裡有住一戶人家呢！

　　湯姆從魚池塘的高處往下跳，走到紅瓦厝的邊緣，房子的四周種滿了百里香，還有花上花（土紅花），紅黃白色的，種成一道矮牆，庭園裡有一棵大龍眼樹，長得斜斜的，樹幹很粗大。

　　看樣子，這一戶人家住在這兒，應該很久了，這裡離湯姆他們家的田，也不會很遠啊！怎麼湯姆從來就不知道有這一戶人家呢！可能這裡是客家人的田比較多，而且都是種植檳榔，所以看不到，不像王海他們家，蓋在空曠的稻田當中，整片田地綠油油，只除了他們那

檳榔說客

一戶之外，沒有別的鄰居了。

他們家也有一位阿福比湯姆小兩歲，湯姆下田口渴的時候，偶爾會去他們家灌水喝。

王海是老兵，軍中退下來之後，帶著一家子來這裡生活，家裡有三位女兒，兩位兒子，住在這麼空曠的地方，離群索居，夜晚沒有電力，全靠燭光照明。

傍晚的時候去他們家，總覺得暗暗的，沒有電燈的照明，生活好像很不方便。

湯姆四周看看的時候，房子裡面有一對五十幾歲的夫妻坐在裡面。女的在看書，男的瘦瘦的，不知道在忙著什麼。

屋裡擺放很多大木頭做成像書桌，又像飯桌，上面放滿了各種東西，工具、花瓶，還有畫畫用的塗料及板子。

鄉下人的桌子很少擺放這些東西的，一般不是放農具，就是布袋，或當成吃飯用的桌子。飯廳能夠放幾本書在大飯桌上，那家子的人一定有會念書的讀書人。

屋樑有一點斜斜的，整個房子好像歪斜一邊，但仍然很堅固。

這戶人家房子蓋在這兒，少說也有二、三十年了，湯姆感到這不是一般農夫住的家，應該是讀書人在住的地方。

因為村子裡有些老師住的地方也很像這個味道，庭園會種些花花草草的。

庫洛跑到花園裡，兩腳不斷地扒泥土，跑去看才知道，庫洛發現一個新洞是老鼠挖的地道，泥土很新鮮，可能是昨天夜晚才挖好的地洞，泥土溼溼的，搞不好老鼠現在就躲在裡面呢！

庫洛的腳爪，還有鼻子、嘴巴拼命的往洞口聞，老鼠一定嚇死了。

「庫洛來！不要挖老鼠洞。」

搖搖尾巴，有點不甘心的，嘴巴張得大大的，看著湯姆，眼神透露出一種祈求的樣子，好似湯姆真無趣，不知道牠發現這個小秘密，是多麼令牠高興的，正想一展身手來抓老鼠，這個小主人卻不給牠機會，哼哼叫個不停。

女主人走出來，看一看。

「小朋友！你從哪裡來呢？」

「阿姨！我們家的田就在那邊。」

往北邊指過去。

「您們這裡檳榔樹叢很濃密，看不到的。」

「喔！要不要進來裡面坐呀！」

「可以嗎？」

「可以呀！來！阿姨泡一壺茶請你喝。」

檳榔說客

「喔！」

走進裡面，大木頭桌子上有好多書本，陽光穿透進來，把桌面照得非常耀眼。

「阿姨泡一壺的玫瑰花茶給你。」

「謝謝阿姨！」

「小朋友！你叫什麼名字呢？」

「我叫湯姆，是讀小學三年級的時候，我們老師幫我們全班每一位同學取的英文名字。」

「很好聽呢！湯姆！你喜歡讀書嗎？」

不好意思說湯姆功課不好，不知道怎麼回答？東看看，西看看，一會兒也坐不住。

阿姨手中端著茶杯，一面喝著，一面陪著湯姆走到屋外，看花園裡種滿了各種花卉，栽種得很好看，不像湯姆種在他們家的芒果樹下，生長得亂七八糟的。

湯姆照顧那些花，也有一、兩年了，怎麼種就是無法種得很滿意。

「美人蕉、茉莉花、鳳仙花、千日紅、火雞冠紅花、玫塊花，我都有種吔！」

「喔！湯姆！你也喜歡種花嗎？」

「嗯！我放學後，最常去我們菜園裡，蹲在芒果樹下，看這些花兒，一朵朵開得很豔麗，心情就很舒服。看了這些花之後，摘一些回到家裡，放在拉機歐上面，吃飽飯後或睡覺前，再看它幾眼，一整天在學校上課的壓力，一掃而光呢！」

「湯姆！你去學校念書，也會有壓力嗎？」

「有呀！大人或老師都不知道，其實我們小學生是很怕上學的。」

「為什麼呢？」

「因為我們想把功課念好，但一直跟不上進度。老師在講台上講什麼，都聽不懂，每天背著書包上學去，坐在教室裡，看老師口若懸河，滔滔不絕地講個不停，別人我是不知道，但是至少我是有聽沒有懂，所以才天天都很煩惱著呢！」

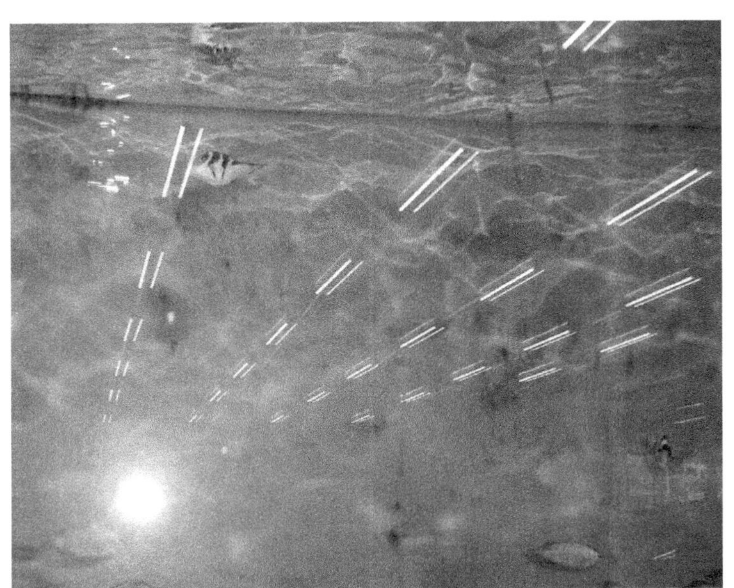

窮苦阿進

玉米穗

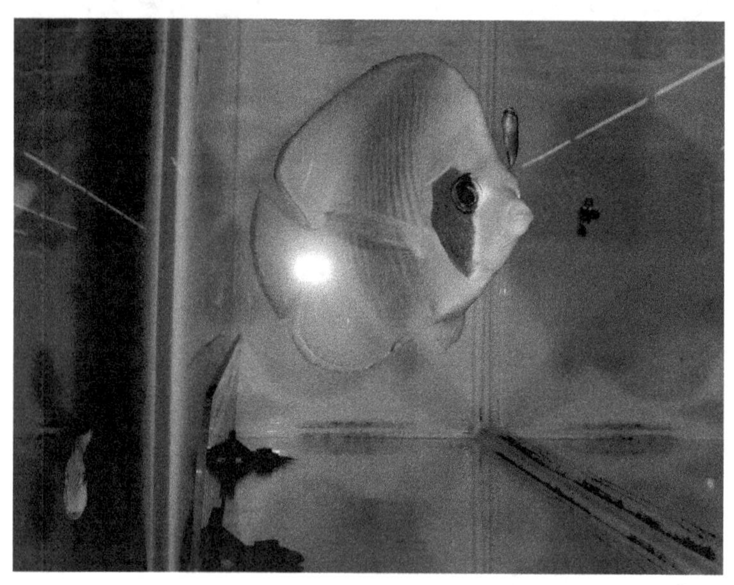

　　阿進他們家住在村子裡的邊邊，那裡很偏僻，走進他們家的大埕廣場是一大片泥土地，泥土上布滿了大小石頭粒子。

　　雞鴨鵝畜類圈養，一群一群地圍在那兒，有些用竹籬笆圍起來，有些畜類在外面自由的活動奔跑。

　　湯姆頭一次來阿進他們家，看到這種情形，兩腳不

檳榔說客

知道要如何避開這些雞鴨鵝糞屎呢！

　　阿進他們家的小孩只有他有去上學，弟弟和妹妹留在家裡幫忙他爸媽，照顧一家大小的瑣事。

　　由於他們家沒有種田，靠他爸媽四處打零工維生，有時候沒飯吃的時候，阿進下課還要陪著弟弟妹妹，挑著菜籃去地瓜田，或人家收成後的稻田，去撿拾一些穀物回來吃。

　　湯姆嚇一跳，這種玉米也能吃，湯姆不好意思大聲小叫，怕傷透了阿進的心，小心翼翼地吃了幾根咬起來，是玉米梗，硬的沒有玉米粒的玉米梗，好像在啃骨頭一樣。

　　但看他們全家吃這種小玉米穗，已經吃得很開心又滿足，也跟著一起吃起來，但是在啃這種沒有長完整的玉米穗時，湯姆的心實在是在滴著血一般地，和他們家人一起吃起來。

　　沒有嚐過家徒四壁的苦滋味，是不了解什麼是窮苦人家。

　　湯姆他們家雖然也是住在草厝裡過生活，但至少三餐衣食無缺，除了可以溫飽之外，尚稱幸福的家庭。至少爸媽和哥哥姊姊們，不用天天為三餐煩惱，還可以享受一年四季不同的節日，所帶來的富足安樂氣氛。

　　無論冬至吃湯圓，或過年後元宵節的吃大湯圓，節日裡一家大小歡歡喜喜，開心慶祝節日。

　　一年四季裡，就這樣循序漸進的，三月又要過清明節，家家戶戶準備牲畜，到墳墓裡祭拜祖先，這時候才想起「清明時節雨紛紛，路上行人欲斷魂，借問酒家何處有？牧童遙指杏花村。」

　　這時候想到這種情境，就聯想到阿進他們家的慘狀，不知道他們的節日是怎麼度過的？

　　平常湯姆只知道冬令救濟，要繳一些學校規定，叫同學拿零用錢出來，救濟一些窮苦人家。

　　湯姆一直以為住在很遠很遠的都市或鄉下，才有窮苦人家需要救濟，根本想像不到在他們的同學裡，會有窮苦人家的存在，要不是最近和阿進比較常來往，還不知道阿進他們家的生活情況呢！

　　聽阿進說這塊地是政府的國軍用地，他們是無權佔有，暫時先住下，所以才會用簡陋的木頭板塊拼湊，有些地方還用石頭撿來堆砌成牆壁，颱風一來，常吹得滿天滿地，全是凌亂不堪。

　　「房屋倒塌還可以再蓋，但是我們家可以說，不是什麼房屋倒塌可以形容的，那簡直就像拼湊的木柴堆而已，七零八落的，只能勉強棲身，遮風擋雨尚嫌不足，但夏天倒是滿涼快的。」

　　阿進說到這裡，有點得意的笑起來，不以為苦的，

檳榔說客

為這個家還有那麼一點，可以感到驕傲的地方。

他說以前更小的時候更苦，簡直就像乞丐一樣，只差那麼一點沒有出去外面乞食而已。

「那時候沒有地方可以窩身，到處借住人家的庭院底下，或擠在人家的畜欄裡，和那些牲畜生活在一起，有時候也會住到糞堆裡去，東住一陣子，西住一陣子，直住到屋主人家把我們看厭了，高興就沒事，不高興就把我們全家趕走。

只好這一家暫住一陣子，那一家暫窩一陣子，一切的生活靠地主或農田的主人施捨，才有得過活，就在這種東搬西住的情況下，終於找到這塊偏僻的土地，隨便搭蓋幾根木頭板塊，而且家門前，還有一大片的泥土地廣場，這已經是很幸福的事了。

至少現在家裡可以養一些雞鴨鵝豬的，有了這些畜類，生幾個雞鴨鵝蛋，煎煮炒來吃，那可是我們家最營養，最豐富的佳餚呢！還有庭院種些蔬菜。

要是遇到爸媽宰殺一頭牲畜來吃的話，那可是天下最美味的了。

爸媽家裡無恆產，找不到土地可以耕作，只好去幫人家做苦工，不管是拉車、挑糞、擔柴、砍伐樹木，或做佃農長工都可以，只要有人願意請他們去做工，收入雖然微薄，但總比沒有好。」

只是這樣的工作常常時有時無，所以阿進他們家的人，有的看起來好像營養不良，全家大小都瘦瘦的，皮包骨。

同樣是小學同學，有些同班同學看起來胖嘟嘟的，一副不知天高地厚的，天天拖著肥胖胖的身軀來學校上課，要不然就是看起來一副無憂無慮的樣子，傻頭傻腦地悶著頭過生活，人間苦樂無常全拋在腦後。

湯姆最看不慣滿腦肥腸的豬小妹、豬小弟這種人在班上，不但是自私鬼，而且是吝嗇鬼，他們常只想到自己，不會想到別人，跟這種人做朋友，心胸常常伴隨著他們的吃食，或貪求上打轉，根本看不到他們的同情心，而且他們的父母也都是慳貪無比，心目中只有他們的子女是好的，根本瞧不起外面的人。

湯姆在很小的時候，就感到大人的世界有時候也很恐怖，他們的勢利眼會隨著他們的貪念，引起可怕的後果。

從洪秉華的身上可以看到，她父母是怎樣對待她。

由於洪秉華的嘴巴是兔唇，所以講話還有長相，就比他們家的兄弟姊妹還要難看一些。她在我們班上，是老師和同學當中，被公認最孝順的一位女孩子，但是她的父母卻不是這麼想，常常叫她做很多很多的家事，及農田裡的苦事兒。

檳榔說客

　　洪秉華從來不叫苦，冬夜寒冷的天氣經過她們家，仍然可以看到她拖著一大桶的衣服，在溪邊洗衣服，聽她堂兄國傑說，他嬸嬸很可惡，看秉華在家裡工作得要死，她爸媽常拿冷飯冷菜給她吃，有時候還讓她吃不飽呢！

　　洪秉華她們家田產房子倒不少，而且還開了一家雜貨鋪，生活過得比其他同學可以說好太多了，但每次看她來學校上課，所穿的衣服破舊的很可憐，但我們仍不敢嘲笑她，因為秉華真的很善良又懂事，比起我們同年齡的同學，她實在太早熟了，凡事都會為別人著想，甚至於連阿進他們家都快沒飯吃了，秉華也會設法去幫助他們。

　　有一次，她拿家裡的米送去給阿進，讓他們在冬天可以過活，被她爸媽捉到，把她趕出去，讓秉華在外面不曉得流浪了多久，後來阿進得知這個消息來學校報告老師，我們才知道老師對秉華的父母也無可奈何，只能耐著性子去她家，勸說她的父母，希望不要讓一個小女孩在外面流浪。

　　阿進和秉華他們兩個人，都只有念到小學三年級就休學，不來學校上課了。阿進必須到鐵工廠當學徒，賺一些錢養家活口，而秉華她的父母則說女孩將來要嫁人，不用讀書，把她留在家裡看店，做苦差事。

大阿春

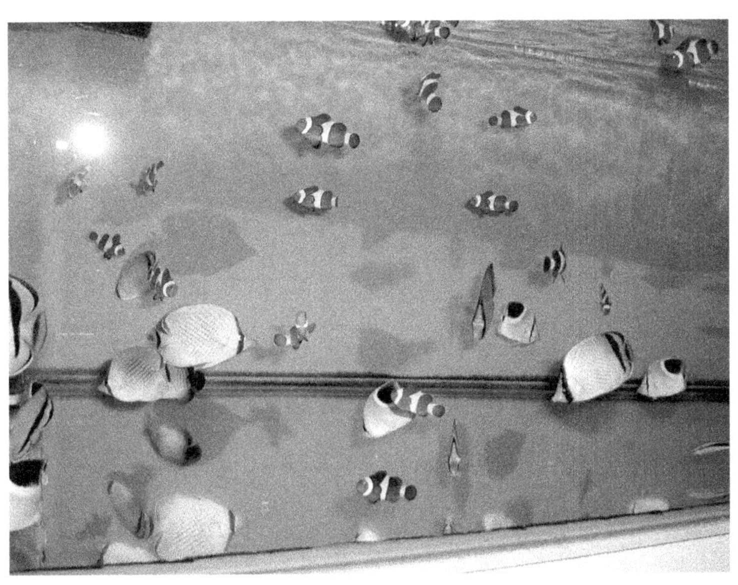

　　湯姆升上三年級的時候，女老師在幫全班同學取英文名字時，會想起一些沒辦法讀書讀到畢業的同學。

　　還有一位大阿春，他個子很魁梧高大，講話的聲音非常宏亮，嘴巴常常張得大大的，走起路來像七爺八爺一樣，大搖大擺的。他看到老師也不敬禮，也不害怕，就像遇到多年的老鄰居一樣，和老師或長輩們談笑自如。

　　阿春的家住在很遠的地方，他的處境和阿進一樣，只是阿春的身體比較強壯，應該說孔武有力，看起來頭腦好像不太靈光那種人，但是他在家裡所承擔的工作，可是他們這群同學無法和他相比的，舉凡大人的工作，任何一種粗活，他都會做，甚至連趕牛犁田，不管冬天、春天、夏天、秋天、雨季，他都可以扛著犁頭趕頭牛，在大馬路上，大搖大擺的，走到田裡去耕作，這在他們這些小小年紀的小孩子的眼裡，是不可思議的。和阿春比較起來，他們愚蠢多了，同樣是國小的同學，有些看起來很幼稚，有些看起來卻超乎他們年齡的能力。

　　湯姆很驚訝地想瞭解更多，這些他不懂的情況，比如他們家種的玉米，可以長得很大很粗壯，每一棵玉米會有一大一小的玉米穗，有時採收的時候，可以兩根一起採收下來，有時只採收那一根長得飽滿的玉米穗，另外那一根比較小的，就放任它在玉米樹上，以後留著把它碾到泥土裡面做肥料，但這根玉米在湯姆他們家來說，是不重要的，等於是廢物，但是如果拿到阿進他們家，卻變成他們三餐不可或缺的食物。

　　湯姆想到這種情況，內心就很感傷，同樣是人類，為什麼差別會這麼大？

　　就像湯姆他們家族，有好多親戚家裡住的都是磚瓦

檳榔說客

厝，算是比較好的住家了，但是湯姆從小就睡在這間草厝的三合院裡，每一年的颱風天，爸媽都要像作戰的士兵一樣，做好戰鬥的準備。

記得小時候，只要遇到了夏天颱風季節，風吹得震天價響，滿天烏雲密布，暴風夾帶大雨肆虐著，如果爸媽沒有把屋頂的草棚用繩索捆綁好，那大風一陣一陣地狂吹，後果不堪設想，如果有做好防範颱風的準備，外面雖然風雨交加，住在屋內的湯姆一家人，反而可以安享天倫之樂。

一家子坐在廚房燒烤芋頭、地瓜、南瓜來吃，或隨手做些糕粿之類的甜點，湯姆最喜歡把芋頭或地瓜、南瓜搗成泥，然後再打幾粒雞蛋和在一起，用豬油在鍋底煎著來吃了，外面的雨下得越大，這些芋頭地瓜南瓜餅吃起來卻是越香醇可口。

還有媽媽喜歡用石碓磨黃豆，自己在家裡做豆漿及豆腐。磨黃豆時，湯姆就會幫媽媽把石碓繞著圓圈，一圈一圈地轉著，石碓上的黃豆一坨坨的陷進石縫中，上面澆著水，順著大石碓的轉動，把黃豆磨成汁，滴到鐵桶裡。

媽媽會用棉布把它包緊，把黃豆汁擠出來，拿到灶鼎熬煮一陣子，豆腐渣有的拿來滷，有些和蛋混合一起煎，吃不完的再倒給豬隻加菜，之後，黃豆會散發出香噴噴的豆香味出來。有些會留著當成豆漿來喝，大部分多拿來做成豆腐或豆腐皮，有些製作豆腐干，這些豆腐干可以放久一點。

一家大小擠在屋子裡，享受製作小點心的樂趣，那外面的暴風雨，不管是如何地狂嘯怒吼，也無損於我們這一家子在廚房忙東忙西的恐懼，反而因為那外面的風雨交加嘶吼聲，更顯得住在這間草厝的溫馨。

尤其是入夜之後，在白天的酒足飯飽之後，湯姆躲進棉被裡，被媽媽的大腿夾在中間，更感覺溫暖。湯姆躺在媽媽的懷裡，輕聲地對媽媽說，他們同學家裡沒有辦法躲避暴風雨，過著有一餐沒一餐的生活。

湯姆不敢說出好可憐那個字眼，只有用悲憫的情懷，對著媽媽來傾訴。

媽媽會拍著湯姆的背部，輕輕的拍著，然後靜靜地聽湯姆說話，媽媽一面哼出類似童謠的語調，哼唱給湯姆聽。媽媽從來不會多說話，只靜靜地聽，輕輕地拍，湯姆就在這種溫暖祥和的颱風夜裡，一夜、二夜、三夜地過去了。

鄰長伯

　　睡夢中，湯姆想起了那墳墓中的乞丐，是如何度過這無情的暴風雨的摧殘，想到有那麼多的乞丐為了三餐，日以繼夜的朝不保夕，他們為什麼不找個可以棲身的地方呢？鄉下的地方或山林野地、溪床河谷也都有大片的土地啊！而這些地方，湯姆也常常和同伴趕牛去放牧呢！

　　村子靠東邊的溪埔地，那裡有看起來很遼闊的平原，有些老芋仔阿伯經年累月，一個人孤零零的在那兒挖石頭，堆成一堆堆，宛如小山丘一般地堆積起來，每一位老芋兵阿伯看起來好像書本上說的，愚公在移山那般艱苦地幹活，但從他們每一個人的臉上，卻看不到那一點點不滿或哀傷，反而是樂天知命，開開朗朗，快活努力挖著石頭。

　　他們把大地挖成一個個大坑洞，大雨下過之後，形成大池塘，過一段時間，池塘裡面自然而然生成許多魚類、青蛙、蛇。鳥蟲獸也多聚集在這個沼澤地。

　　雖然有些牧童貪玩，不顧危險，胡亂跑到大池塘裡遊玩，有些人不小心掉進去，慘遭滅頂淹死了，但那也不是老芋兵阿伯願意看到的。

　　有人被淹死之後，有些老芋兵阿伯就想辦法，搭蓋一些簡易的草屋住在那兒，一方面有個住所，一方面又可以看顧自己辛苦挖出的石頭堆，最重要的是可以看到靠近那池塘深處的人們，警告他們要遠離這深水處。

　　湯姆曾把牛帶到那兒，讓牛去那裡泡澡。

　　老芋兵阿伯跑過來喊湯姆：「小朋友！小朋友！你不要把牛趕到那水塘裡，會發生危險的哦！」

　　「老阿伯！不會啦！我們常來這裡放牧，知道這裡每一個池塘的深淺，我們會小心的把牛看顧好，謝謝您們的關心。」

老芋兵阿伯想想也是，這些小朋友平常就常來這兒放牧，倒不像那些遊手好閒，吃飽沒事幹的莽撞傢伙，那些不受教的傢伙，性情可是頑劣得很呢！

老芋兵阿伯很寂寞，一個人孤獨的待在台灣，沒親沒戚的，有些老芋兵阿伯遇到過年過節沒處去，就會利用這個時候來拜訪湯姆，這些曾在那一片溪埔地放牧牛羊的小孩子。

他們每到過年都很捨得打扮自己，把最好的衣服穿在身上，提著禮物或隨身帶一些紅包，看到他們熟悉的小朋友，就主動去打招呼，如果有人招呼他們，他們會很高興被當成一家人，留下來吃年夜飯，或一起過新年。

當這些老芋兵阿伯整年度，都那麼辛苦地挖石頭，賺那微薄的金錢時，從炎熱的夏天做到秋雨季節，冬天的寒冷，春天的冷熱不定，他們永遠只穿上那麼一件單薄的短褲，上身永遠是打赤膊，成天努力揮汗如雨地搬運石頭，一畚箕，一畚箕地挖出來，又搬運出那宛如洞穴一般的地底隧道，就這樣年復一年地，又挖又搬，才把大地挖成一個個很深很廣的潭底，如果有小朋友懂得被他們疼到，是這麼幸運的話，那遇到過年的時候，他們可是會將身上，最為寶貴的金錢財物施捨出來的。

老芋兵阿伯他們很可愛，只要和他們熟悉了，他們會用大陸各地方不同的語言腔調，訴說著他們每一個人在過去，抗戰或打共軍的豐功偉業，只要有耐心聽他們訴說過往的經驗，他們都會感動得痛哭流涕，好像遇到親人一般，有著心靈上的撫慰。不管他們講的話，小朋友或小朋友的家人聽得懂或聽不懂，只要有人看著他們講話，點點頭，無不引起他們內心深處，那一觸即發的情感，有些比較激動的，簡直無法克制內心的激情，常常講到莫名其妙處，就大哭起來，而這種情形，每到過年總會發生那麼幾次。

有一次湯姆去明德他們家玩，剛好遇到幾位老芋兵阿伯在那裡發表高論，講到激動處，正在那兒流眼淚，看起來很傷心的樣子，湯姆站在那兒，不曉得怎麼安慰他，只好拿著家裡做好的紅龜粿請他們吃。

老芋兵阿伯吃著紅龜粿，一面不捨得一下子把它吃光光，好像小孩拿到糖果，不捨得一下子把它吃完一樣的，珍惜著這份情誼。

而那時候會有成群的乞丐出來乞食。

湯姆他們不好意思在老芋兵阿伯的面前，把東西拿給那些乞丐，怕傷了阿伯的心，因為他們也是孤伶伶一個人生活在台灣，心靈上和這些乞丐差不多一樣很脆弱。

阿伯他們也看得出來我們有這種意識，他們望著那

檳榔說客

一個接著一個乞丐，對他們說：「你們這種乞食，豈是辦法？我看你們也都有手有腳，身體看起來也很健全啊！為什麼不去找個謀生的方式呢！至少也得靠自己的勞力來過活，這樣活起來也比較有尊嚴。」

那些乞丐真可憐，對著老芋兵阿伯只是點頭，又跪又拜的，臉上充滿驚恐怖畏，眼神呆滯，猶如身不守舍的遊魂一般，只是卑躬屈膝，盲目乞食。

老芋兵阿伯看了也直搖頭。

「如果拿給你們再多的金錢也沒用，只能吃完這一餐食，下一餐你們又得煩惱，到處去乞食罷了，這樣無始無終怎麼得了。

我們從大陸一路奮鬥到台灣，也是孑然一身，身無分文，不要說國家不要我們，就是國家想要養我們，我們還不願意呢！我們這一群人不也就這樣找個荒地開墾嗎？每天找個活兒來幹，哪怕一天賺個幾毛錢，那也不錯啊！至於吃那三餐餵飽肚皮，也不是什麼了不起的麻煩，天下之大，哪有不容身處，只要找個可以棲身的空地，哪怕山林牧野，深山野地，總有個可以安身立命的住所吧！搭個毛棚草舍，土地上隨便栽種個蔬菜野果，也可以過活啊！

唉！這些乞兒啊！你們要開化呀！中國人的前途，不就這樣被你們搞掉了嗎？文化知識的滋養是這麼的重要，如果做人像牲畜一樣，是這麼的愚昧混沌，那身為人，豈不是很可惜嗎？」

搖搖頭，嘆息著，好像看到這些乞丐了無前途，又沒有一點希望，對他們不禁生起了悲憫憐愛的心。

湯姆他們這些鄉下的家人及小孩子，很少聽到這種動人的言論，心中也不免會產生一種莫名的感動。

而這些乞丐仍舊兩眼瞪得發白似的，一直點點頭。

每位小朋友也都發揮了慈愛之心，紛紛到廚房拿一些飯食，或年節應品之類的糕餅粿及地瓜出來，給這些乞丐吃。

有一位比較有見識的鄰長阿伯坐在大埕，和明德他們家人及左右鄰居，大夥坐在一起聊天，曬曬春天的太陽，聽到老芋阿伯這樣說，不禁也搖搖頭，對老芋阿伯的言論有點讚同，又有一點惋惜。他用太不靈光的幾句國語，和老芋阿伯講這些乞丐的來源始末，講到後來乾脆用台語講，比較順暢，這中間會夾雜幾句或整串的日本話，害湯姆這些好奇心重的小孩，聽不太懂他們所討論，大人的世界裡的觀點，但湯姆這一票的小朋友仍然蹲著或站著，或有些好玩的，嘻嘻哈哈在那一堆大人身邊遊戲著，但仍然很關心大人所講的話，因為大人每講一段話，都覺得很新奇又刺激，平時要能夠常常聽到這些言論的話，相信增加的知識認知會多一點。

檳榔說客

　　鄰長阿伯在湯姆他們那個村子，已經當了好幾十年的鄰長職位了，平常很熱心參與街坊的事務，尤其是村長競選的時候，承諾要把他們家的一塊空地，捐出來蓋房子，做為村子裡集會公共會堂，後來連任成功，真的也蓋起了棟很寬大的二層水泥屋，樓上樓下空蕩蕩的，而這個地方村子裡的大人，倒是用不到，反而變成這些小朋友的遊戲空間，那時鄰長就提議，請村長向鄉長建議，把各村里的公共會堂，蓋成圖書室或報紙閱覽室，這樣子大人小孩也比較有個地方，可以去享受讀書的樂趣，增加一些知識，才不至於愚鈍蒙昧。

　　人要能破愚見無知，就要多讀書，才能看清事理，而想要讀書，就要有個讀書的環境空間，這樣才能夠培養出讀書寫字看報的興趣，不像他當了這幾十年的鄰長，看免費贈送的報紙，看太久了，也覺得不好意思。

　　這幾份報紙，雖然不是什麼貴重的東西，但它要能變成公共資產，變成人人都可以去閱讀的話，多少可以帶動一些讀書的風氣，而不致讓那些整天透早就出門，腳踏著田水冷霜霜的大人，擔心著家中的小孩沒有人來教養。

　　種田人想要有心思來教育小孩，實在比較難，沒知沒識的，像頭瞎眼盲的牛一樣，自己都霧煞煞了，怎麼有辦法再教育下一代。

鄰長阿伯的提議真的很好。

當時湯姆他們這一大群小朋友，每個人都引頸以盼，希望村子裡能夠有個圖書館。

至於那些乞丐的來處，鄰長阿伯說，這些外省來的，只知其一，不知其二，當他們跟隨政府逃到台灣的時候，有軍職或公務身分退職下來的，多少可以拿取終身俸，或享受政府的水電，油米醬醋什麼的，生活條件當然可以過得比較安穩一些，相反的，這些台灣人卻得靠辛苦的勞力，不管種田或經商，全得靠自己打拼才有得吃，而那些乞丐有些是弱勢族群，或弱智的殘障者，他們連有個棲身的地方都沒有了，怎麼還有辦法再努力討生活呢？

「人要能夠照顧到三餐衣食無缺，才能動靜自如，那些流浪的人常常身無立錐之地，口無止饑之食，當然就兩眼茫茫然，只能勉強拖著可憐的身軀，像孤魂遊鬼一樣，到處討食了，這種情形在中國大陸也常常發生，有時候還更嚴重呢！哪是你們所想的那麼簡單，而且每個人都有自己的因緣，會淪為乞丐，也不是三言兩語可以解釋清楚的。」

簡陋屋

　　湯姆觀察到有些大人，雖然聽不懂老芋阿伯的話語，但這可能同樣都是身為人類的關係，對於悲憫慈愛之心，可以同理同解，大夥兒無不感動的散發出一種，令人感到同情悲切的驚嘆，紛紛拿出食物及少許的金錢出來，施捨給那些乞丐，而對老芋阿伯更是尊敬得，如自己家裡的長輩一般。

　　老芋阿伯說，他們平常的三餐經常靠著去採些野菜或挖些泥土，就在簡陋的草屋空地上，栽種一些葉菜類及蕃茄、地瓜、茄子、豌豆、豆苗、四季豆，這些蔬果實在太容易照顧了，只要有泥土、陽光、水的地方，就可以生長。

　　他們有些老兵同志住在台北或高雄的都市裡，討生活不容易，又不願屈身窩在鄉下，安住在勞苦的作務當中。

　　「有一些以前同在戰場上的老朋友跑來鄉下看他們，一看！唉！怎麼屋前屋後，種滿了這可愛新鮮的蔬菜豆子呀！真好！原來做人可以這麼簡單的生活。

　　一天二十四小時，睡覺佔去了近半，工作休息的時間，如果好好利用的話，也不失為一種享受啊！

　　我們一天搬運石頭幾個小時，其他時間可都是用來整理這些顧命的蔬菜豆子，至於米糧，那就再簡單不過了。

　　一個肚皮能吃多少，去雜貨店買個一斤半兩，吃它幾個禮拜，也不成問題。這天下資產可富足得很，要柴燒沒問題，隨處都是樹木林地雜草乾柴。一把火一口鍋，粗鹽、醬、醋、油，民生用品、五穀雜糧，隨便糊一糊，總可以活口吧！肚皮只是養生活命兒，不需要用到生養富貴安樂，能夠認清生活的本質，身心就能輕安。

檳榔說客

　　這些道理恐怕是住在那繁忙嘈雜的都市人，無法體會的，他們住在那狹小的空間，眼光如豆一般，成天只看到自己，看不到別人的存在，真可憐！人心常常被物慾困繫著，看到人家住洋房，有洋車，錦衣玉食，討嬌妻生養兒女，成天計較著如何賺更多金錢，生活全無清靜優閒一般，如此這般的忙碌，身心怎麼輕鬆寬慰呢！

　　還是您們這些鄉下人有福氣，可以住在這裡來當農家子弟，雖然日頭炎熱，需鋤田整地，揮汗如雨，但如能體會大自然所賜予的神奇，您們會發現土地、陽光、水和那變幻莫測的風火是多麼的奧妙，安住在其中，聆聽山川大地的呼喚，看著禾苗在田野裡生成，那綠油油的嫩豆芽，看著它萌芽茁壯成為一片綠色大地，隨著風兒的吹動，在那兒向你迎風搖擺，那姿影是多麼動人啊！

　　農夫啊！您們要懂得生活再也沒有誰比您們更幸福的咯！就能夠忘記那辛苦下田荷鋤的勞苦了。

　　種田不是為三餐，種田是一種修身養性，不必為了一分地，收成多少稻子而煩惱，自然不會被稻子給惹惱熱住了，知道嗎？

　　小朋友啊！我這個老兵可是願意看著你們快快樂樂，享受著生活，而不願見到你們像我那些，住在都市裡的朋友一樣，成天躲在那沒有陽光的斗室裡，哀怨嘆息，糊裡糊塗的，被那煩惱不盡的心思所捆綁啊！他們的腦袋很開化，也很聰明，又有知識，但那種知識、聰明才智也只不過為了一天到晚，要掙得你死我活，為了要獲取這是我的，這是我要的，每樣東西全然生起了如西施一般，美豔得會使人迷惘迷惑，每天就如活在滾動的圓輪下，轉個不停，那種心思常常繫縛著情結，是多麼的辛苦啊！」

湯姆他們這些小孩及一些沒受過多少教育的大人，聽老芋阿伯這麼一講，倒也對現在他們有些田地，可以做些種田的活兒而感到慶幸，不再為三餐而折駝了腰際，一股腦兒，莫名其妙地生活在日出而做，日落而息的困頓當中。

想到老芋阿伯說他那住在都市的朋友，想要種幾把好吃的蔬菜豆類，都得搬運泥土，到那斗大的公寓大樓的頂樓或陽台上，才可以得到那麼一丁點的種田樂趣。

「比起他們，我們這些鄉下的農人太幸運了，土地寬廣，視野遼闊，可以吹著自然的涼風，曬著大大的太陽，看四季不同的山色變化，看著大地物種不同生息的成長，真是感謝老芋阿伯的一番言語，使我們這些沒什麼見識的鄉下人，有如喝到甘甜的泉水一般，感到渾身清涼無比，全身舒暢，也因此才體會到做人是多麼無知。」

檳榔說客

　　沒有聽老芋阿伯講授這些道理，以為自己的見地是最好的，自己的想法是最棒的，原來還有比自己更有遠見，心胸更寬大的老芋阿伯，就像智者一樣隱藏在那不起眼的移公運石裡。

　　湯姆和那牧童同伴每當趕牛到那塊溪埔地放牧的時候，是多麼企盼，能多聽聽那幾位有知識，又有見地的老芋阿伯的話語啊！

　　聽到一段好話語，如同看到一本好書一樣，能使人心智豁然暢達，心開意解，心識了了分明，猶如船行水中，車行道路，鳥飛空中，魚遊大海河川，知見知明。

　　湯姆想：「我們就是需要有這樣的長者來教育我們，使我們無知的智識被啟發，而能了透這天底下的智慧，有了這些智識，頭腦才可以清楚地知道什麼是天，什麼是地，而不是像在學校上課一樣，老是聽到老師站在講台上，念誦那些死板板的課文。」

　　想到那些課本及老師那冷峻的臉孔，湯姆渾身就發抖，坐在那令人生厭又冰冷的教室裡，接受那硬梆梆的教育。

　　「為什麼我們這些小朋友不能夠活得更有自己的主見，更有自己的尊嚴，至少老師不要那麼權威，不要那麼一成不變，如果可以像老芋阿伯一樣，諄諄講授一些令人可以聽懂的道理，而不要像不通達的人一樣，矇混的，宛如搞迷信的鬼神一樣，令人害怕，心生畏懼，那種教育只會令我們這些小孩敬而遠之。

如果老師只能教出那幾位少數乖巧聽話的學生，而自以為他們很優秀，那也只是學生個人的成就罷了！

我們這些小孩子其實頭腦很聰明的，只是需要有個良好的教師，如燈光照亮暗室，讓我們可以清楚明瞭所學為何，而不是背著書包上學去，又背著書包放學回，日復一日，渾渾噩噩，懵懵懂懂，糊裡糊塗生活長大。

上小學，學不到東西，其實也很苦的，大人、老師為什麼不用心，多考慮一些我們這些小朋友的處境呢？上課的進度，每一個人學習有快有慢，為什麼不讓我們每一個人可以有不同的學習程度？而不要像填鴨子一樣，把我們餵養得頭腦空空，像個大傻瓜一樣，會念書的，只能按照課本一樣死背活背，背得滾瓜爛熟，結果生活是白痴，穿衣脫褲還不曉得如何尿尿，這不是很可笑嗎？在家裡連怎麼幫媽媽洗米煮飯都不會，念了這麼多書，又有什麼用？倒不如我們這些牧牛的牧童，做粗活兒，趕鴨餵牛豬羊雞鵝的，六畜照顧樣樣會，只差照背著死書比較不會而已，但那也不代表我們就不會念書啊！

如果可以給我們更長一點的時間，我們也可以把功課寫好，或把課文背好，把我們當天才兒童來教育，我們也能變成老師心目中的好學生，如果我們有這麼多同學一直學不好，那老師或家長一定也有問題。」

博毓學園出版

五穀豐登莊稼居，

穀倉滿溢木高長，禾苗映田人幸福。

護生復蔬博毓園，

森林綠地自腐朽，生態堆肥循環生。

博毓學園網址：http://tomu18.webnode.tw
吳明博共生農業：http://coco00.webnode.tw
E-mail：869548@gmail.com

檳榔說客

吳睿保（吳明博・穀禾田・穀莊稼・穀恬憫）

穀莊稼共生農業森林農園：20140129.blogspot.com

穀禾田屏東的小湯姆：20140214.blogspot.com

穀恬憫歡喜法音流：20140402.blogspot.com

少年兒童讀本－屏東的小湯姆系列七本

①過冬青蛙②水瀑布牆③迎神賽會④米仔麩糕⑤叛逆初期⑥姨丈來訪⑦檳榔說客（電子書、紙本書皆有）

醒世幽默小說－法拍屋風暴系列

①法拍屋風暴②投資客的賺錢術（電子書、紙本書皆有）（尚未出版）③④法拍屋 100 案例上下⑤法拍屋，從二十萬賺進二千萬⑥法拍屋投資客也會套牢

三個十年救地球－共生農業系列

①共生農業森林耕種免費圖文書 1～6 冊（出版電子書）②共生農業開講 1～4 冊（出版電子書、紙本書）③居家生態小農園（出版紙本書）

人生哲學－歡喜法音流系列

①生命的體悟（出版電子書）②生死關頭（部落格連載）

以上書系將陸續完成，另有新書系創作中，敬請期待！將不定期舉辦法拍屋、共生農業講座；並固定每月第 1 週週一開放居家生態小農園參觀，請事先預約，歡迎支持共生農業，謝謝！

羅慧茹（和毓・喜鵲）

花茄集：245784.blogspot.com

親子創意書房－國語文教學設計系列

①作文教學②兒童劇教學③讀經教學④書法教學⑤演說教學⑥採編教學

小說創作－

①空白

生命故事書－花茄集系列

①夢裡浮沈②生病也可以幸福③夢中呼喚④幸福之路

以上書系的電子書於谷歌、飽讀電子書店，紙本書於亞馬遜網路書店販售，並持續創作中！

檳榔說客

屏東的小湯姆七

作　　者／穀禾田
編　　輯／羅慧茹
出　版　者／博毓學園吳睿保
高雄市大樹區興田里興田路 50 號
網址：http://tomu18.webnode.tw
電子信箱：869548@gmail.com
2015 年 5 月　初版
ISBN：978-986-91790-8-9